실패 없는 승계를 위한 8가지 조건

가업승계
마스터플랜

가업승계 마스터플랜

2025년 10월 28일 초판 인쇄
2025년 11월 4일 초판 발행

지 은 이 ┆ 김선화
발 행 인 ┆ 오연관
발 행 처 ┆ 삼일피더블유씨솔루션
등 록 번 호 ┆ 1995.6.26. 제3-633호
주   소 ┆ 서울특별시 용산구 한강대로 273 용산빌딩 4층
전   화 ┆ 02)3489-3100
팩   스 ┆ 02)3489-3141
가   격 ┆ 25,000원

ISBN 979-11-6784-439-2   03320

실패 없는 승계를 위한 **8가지 조건**

가업승계
마스터플랜

김선화 지음

SAMIL | 삼일인포마인

목 차

Prologue

나는 지금까지 가업승계를 주제로 두 권의 책을 출간했다. 첫 번째 책 『100년 기업을 위한 승계전략』에서는 기업이 어떻게 100년을 이어갈 수 있는가를, 두 번째 책 『가업승계, 명문장수기업의 성공비결』에서는 중소기업이 가업승계에 어떻게 성공할 수 있는가를 이야기했다. 두 책을 통해 나는 가업승계가 단순한 상속이나 절세의 문제가 아니라 기업의 지속 가능성과 가족의 미래를 동시에 다루는 경영의 핵심 과제임을 제시하고자 했다. 그리고 현장에서 수많은 가족기업을 만나며 그들의 고민, 도전, 세대 간의 진통을 가까이에서 지켜보았다.

그러나 책을 읽은 많은 경영자와 후계자가 내게 물었다. **"그래서 나는 지금, 무엇을 어떻게 해야 합니까?"** 그 질문은 결코 가볍지 않았다. 가업승계는 절세 전략만으로도, 후계자 교육만으로도 완성되지 않는다. 경영·가족·오너십 중 어느 하나라도 균형이 무너지면 기업 전체가 흔들린다. 그럼에도 많은 경영자들은 여전히 가업승계를 세금문제나 후계자 육성 등의 개별 이슈로만 접근하고 있다.

가업승계의 본질은 훨씬 더 깊다. 그것은 기업(Business), 가족(Family), 오너십(Ownership)이라는 세 시스템이 서로 맞물려 작동하도록 설계하는 일이다. 하버드대학교 레나토 타귀리와 존 데이비스가 제시한 3-Circle 모델은 가족기업의 복합 구조를 일곱 개의 교차 영역으로 설명하며, 가족기업의 이해관계자 간에 발생하는 갈등의 이유를 잘 설명한다. 그러나 이 모델은 각 시스템에서 지속 가능한 경영을 위해 무엇을 어떻게 준비해야 하는가에 대해서는 말하지 않는다. 이 책은 바로 그 지점에서 출발한다.

『가업승계 마스터플랜』은 3-Circle 모델의 통찰을 기초로 **기업·가족·오너십** 그리고 세 영역의 교차점에서 발생하는 **세대교체** 이렇게 네 개의 파트로 나누고, 각 파트마다 두 가지 핵심 전략으로 구성히여 총 여덟 가지 성공 요인을 제시한다. 그 요인은 **경영철학, 혁신조직, 후계육성, 은퇴준비, 가족화합, 가족규정, 지배구조, 상속계획**이다. 이 여덟 가지는 기업의 현재와 미래를 잇는 '승계의 지도'이며, 그중 하나라도 소홀히 하면 기업의 지속성은 위태로워진다.

이 책이 제시하는 네 가지 관점은 분명하다. **기업**은 변화와 혁신으로 **지속 가능한 경쟁력을 확보**해야 하고, **세대교체**를 통해 후계자 육성과 리더십 전환으로 **조직의 연속성**을 세워야 하며, **가족**은 규범과 소통을 통해 분쟁을 예방하고 **신뢰를 축적해야** 하고, **오너십**은 가족 내부에 **안정적으로 보존**되어야 한다.

세계는 이미 장수기업의 힘을 알고 있다. 일본에는 100년 기업이 5만 개가 넘고, 독일의 히든 챔피언 1,300여 개 중 3분의 1 이상이 100년 기업이다. 이들은 가업승계를 통해 지속경영을 이어가며 국가 경제의 기초체력을 다져왔다. 반면 우리나라의 100년 기업은 열 곳도 채 되지 않는다. 지금 수많은 창업세대가 은퇴를 앞두고 있다. 이들이 승계에 성공해야만 대한민국의 100년 기업 시대가 열린다.

승계에 실패하는 이유는 다양하다. 경영 부진, 가족 또는 세대 간의 갈등, 상속세 부담 등 수많은 요인이 복합적으로 작용한다. 그러나 가장 근본적인 이유는 승계 계획의 부재, 혹은 세금 중심의 단편적 준비다. 실제로 많은 경영자들이 무엇을, 어떻게 준비해야 하는지 잘 모른다. 그리고 이를 종합적으로 안내할 실천적 지침은 지금까지 거의 없었다. 그래서 이 책을 썼다.

『가업승계 마스터플랜』은 앞선 두 권의 철학과 사례를 토대로, 내가 20여 년간 수백 개의 가족기업을 컨설팅하며 검증한 경험을 더해 완성한 실행형 설계도이다. 책에 소개된 국내 사례는 대부분 실명을 익명 처리했으며, 실제 현장의 고민과 경험을 바탕으로 구성했다. 책 말미에는 독자가 자신의 준비 수준을 점검하고 실행의 우선순위를 세울 수 있도록 가업승계 진단도구를 수록했다.

가업승계의 목적은 단순히 회사를 물려주는 것이 아니다. 가족과 기업이 함께 성장하며, 세대를 넘어 존속하는 것이다. 결국, 가업승계는 한 번의 이벤트가 아니라, 경영자의 마지막이자 가장 중요한 전략이다. 이 책이 대한민국의 수많은 가족기업이 세대를 넘어 지속 가능한 100년 기업으로 성장하는 데 가장 현실적이고 실천적인 마스터플랜이자 나침반이 되기를 바란다.

김선화

Part 1

기업 :
지속 가능한
기업을
승계하라

100년 기업의 기초는 오랜 철학과 지속적인 혁신에 있다.

경영자의 철학과 가치관은 다음 세대가 따라야 할 이정표가 되며, 끊임없는 변화
와 혁신은 기업의 생존을 담보한다. 따라서 경영자는 기업을 단순히 물려주는 것을
넘어서, 오래도록 살아날 수 있는 토대를 다져야 한다 이 파트에서는 장수 기업
의 근간이 되는 정신적 유산과 조직 혁신의 방향을 살펴본다.

Chapter 01

경영철학 :
돈보다
정신을 남겨라

01

창업 당시의 마음을
잊지 말라

미쉐린(Michelin)은 세계에서 가장 오래된 타이어 회사 중 하나이지만, 타이어보다 《미슐랭 가이드》로 더 잘 알려져 있다. 《미슐랭 가이드》는 전 세계 미식가들이 가장 신뢰하는 레스토랑 및 여행 안내서인데, 타이어 회사가 왜 여행 가이드북과 레스토랑 평가를 시작했을까? 그 답은 미쉐린의 창업 이념에서 찾을 수 있다.

미쉐린의 사명은 "이동성을 개선함으로써 사람을 더 자유롭고, 안전하고, 효율적이며 즐겁게 만드는 것"이다. 세계적으로 권위 있는 《미슐랭 가이드》는 단순히 타이어를 제조·판매하는 데 그치지 않고, 인류의 이동성과 생활 전반을 향상시키려는 창업자의 비전에서 출발했다. 소비자가 여행과 외식을 즐기게 함으로써, 자동차 이용과 타이어 수요를 늘리고 궁극적으로 회사의 성장을 견인하려는 전략이었다. 제품을 넘어 고객 경험을 중시하는 이러한 접근은 경영철학의 모범적 사례로 꼽힌다.[1]

1900년, 타이어 구매 고객에게 무료로 배포하던 자동차 여행 안내서로 시작한 《미슐랭 가이드》는 현재 전 세계 32개국에서 발간되고 있으며, 3만 개 이상의 레스토랑을 소개한다. 이는 미쉐린의 창업정신이 단순한 마케팅 도구를 넘어 100년이 넘는 시간 동안 일관되게 계승되어 온 대표적 사례로 평가받는다.

이처럼 미쉐린은 창업자의 철학과 사명을 꾸준히 이어가며 고객의 신뢰를 쌓았고, 이는 기업의 지속 가능성과 장기적인 성공의 중요한 요소가 무엇인지 보여준다. 일본의 장수기업들 역시 유사한 방식으로 창업자의 철학과 이념을 계승하며 성장해왔는데, 이는 구보타 쇼이치(Kubota Shoichi) 교수가 지적한 일본 장수기업의 핵심 성공 요인과도 맞닿아 있다.

장수기업의 성공비결

현재 가장 많은 장수기업을 보유한 나라는 일본이다. 일본에는 100년 이상 된 기업이 약 5만 개 이상, 200년 이상 된 기업이 약 3천 개 이상, 심지어 1,000년 이상 된 기업도 10개가 넘는다. 이러한 숫자는 세계적으로도 경이로운 수준이며, 일본이 왜 장수기업의 본고장으로 불리는지 잘 보여준다.

일본 장수기업들이 이토록 오랜 기간 생존하며 성장할 수 있었던 비결은 무엇일까? 호세이대학교 구보타 쇼이치 교수는 그 이유로 두 가지를 꼽았다.[2]

첫째, 창업자의 후손들이 '**가업 계승**'과 '**기업이념 실현**'을 경영의 중심 목표로 삼아왔다는 점이다. 일본 장수기업 대부분은 가족기업으로, 경영자도 대개 창업자의 후손이거나 양자이다. 이들은 창업자의 경영철학과 기업 이념을 지키는 것을 최우선 과제로 삼아 이를 실현하기 위해 지속적으로 노력해왔다. 가족기업은 '가치 중심 조직'으로 정의되며, 핵심가치의 계승이 징수의 기반이 된다.[3] 반면 창업사의 철학이 후계자에게 체화되지 않으면 승계의 정당성과 지속 가능성이 약화된다는 지적도 있다.[4]

둘째, '**전통의 계승**'과 '**혁신**'을 동시에 추구했다는 점이다. 전통은 고객제일주의, 품질 본위, 종업원을 소중히 여기는 정신, 지역사회 공헌과 같은 근본적인 가치를 포함한다. 혁신은 시대와 고객의 니즈에 맞춘 신상품 개발, 새로운 서비스 제공, 신시장 개척 등을 의미한다. 일본의 장수 가족기업들은 전통을 지키는 동시에 시장 변화에 발맞추어 혁신을 지속함으로써 생존과 성장을 함께 이루었다.

일본에서 장수기업 4,000여 개사를 대상으로 한 설문조사에 따르면, 이들은 경영의 성공 요인으로 '**사훈(社訓)의 계승**'을 꼽았다. 응답 기업 중약 80%가 기업이념이나 사훈을 명문화하거나 구전으로 전승하며 기업의 정신적 유산을 보존하고 있었다. 특히, 이들 기업은 생산 기술, 시장 개발,

상품 혁신 등 물리적 변화에는 적극적으로 대응하면서도 **기업이념과 사풍은 100년 이상 변함없이 계승했다고 응답했다.**[5] 이러한 응답은 장수기업의 성공 비결이 창업자의 경영철학과 기업이념을 중심으로 전통을 이어가면서도 시대 변화에 적응하는 혁신을 병행했기 때문임을 보여준다. 이러한 조화는 단순히 전통을 보존하는 데 그치지 않고, 변화하는 환경 속에서 지속 가능한 성장을 이루기 위한 기반을 마련했다.

미쉐린의 경영철학 계승 사례는 일본의 장수기업들이 보여주는 전통과 혁신의 균형과 맞닿아 있다. 두 사례 모두 창업자의 철학과 이념을 기반으로 시대 변화에 맞는 혁신을 통해 생존과 성장을 이루어냈다. 이는 **기업이 여러 세대에 걸쳐 생존하며 가치를 창출하려면, 창업 당시의 정신을 계승하는 동시에 변화에 적응할 수 있는 역량을 갖춰야 한다는 것을** 보여준다. 결국, 창업이념을 계승하면서도 시대 변화에 맞춘 혁신을 병행한 것이 장수의 핵심이었다.

02

후세에게 물려줄 철학이 있는가

사람은 누구나 자신만의 관점이나 철학, 인생관이나 세계관을 가지고 있다. 이러한 개인의 성향은 그 사람의 고유 정신이다. 사람들은 의식하든 의식하지 못하든 자신의 가치관을 바탕으로 의사결정을 하는데, 개인의 가치관에는 자신이 살아온 경험이나 환경, 그리고 타고난 성향 등이 반영돼 있다. 결국 각자가 가진 고유한 가치관이 그 사람의 인생을 지배하는 셈이다. 그렇기 때문에 한 개인이 경영자가 되는 경우, 자신의 신망이나 가치관을 반영해 기업을 이끌게 된다. 이것을 명시적으로 표현하는 것이 기업이념(Corporate Philosophy)과 경영철학(Management Philosophy)이다. 이는 기업의 정신에 해당되며 주로 창업자에게서 나오는데, 조금 더 구체적으로 정의하면 다음과 같다.

- **기업 존재의 이유(이념):** 창업자가 사업을 통해 시장과 사회에 어떤 공헌을 하며 살아갈 것인가를 다짐하는 경영자의 생각으로, 기업의 사회적 존재 이유와 경영 활동의 방향을 결정짓게 하는 회사의 고유한 정신이다.
- **경영의 원칙(철학):** 창업자가 가진 기업에 대한 생각, 고객에 대한 생각, 직원에 대한 생각 등 경영 활동을 해 나가는 데 적용하는 기본적인 사고방식으로, 기업 경영의 기준이 되는 일련의 신념과 원칙이다.

이러한 정의는 기업이념과 경영철학에 대한 사전적 의미로, 철학적인 의미를 담고 있어 현실적으로 쉽게 와닿지 않을 수 있다. 그렇다면 이념과 철학은 무엇이고 이것이 승계에 있어 왜 중요한지, 한 작은 가게의 사례를 통해 살펴보자.

십 수년 전, 전업주부였던 한 지인이 치킨 가게를 열었다. 그때는 지금처럼 프랜차이즈가 흔하지 않았고, 대부분의 동네 상가에서 직접 튀긴 프라이드치킨을 팔던 시절이었다. 그래서 사회생활 경험이 없는 주부가 가게를 연다고 하자 주변에서는 걱정과 의아함이 뒤섞인 반응을 보였다. "왜 하필 치킨 가게를 하느냐?"는 질문에 그녀는 이렇게 답했다.

"아이들이 치킨을 좋아해서 상가의 치킨 가게에 자주 갔는데, 기름도 깨끗하지 않고 주방 환경도 위생적이지 않아 늘 마음에 걸렸어요. 마침 그 가게가 임대로 나왔길래, 제 아이들에게 집에서 해주던 것처럼 **믿고 먹을 수 있는 깨끗한 치킨을 동네 사람들에게도 전하고 싶었어요.**"

그녀는 기름을 항상 깨끗하게 유지했고, 주방을 길가 쪽으로 배치하여 벽면에 투명 유리를 설치해 밖에서 주방을 볼 수 있도록 했다. 치킨을 반

마리만 사러 온 사람들에게도 기분 좋게 응대하며, 무거운 짐을 들고 가게를 방문한 고객들에게는 "짐을 놓고 가면 치킨 배달할 때 오토바이로 가져다 주겠다."고 호의를 베풀기도 했다. 정직한 재료와 맛있는 치킨, 그리고 그녀의 친절과 따뜻한 성품 덕분에 사람들은 가게에 한 번 가면 금세 단골이 되었고, 치킨 반 마리만 사던 사람들도 모임이나 행사 때는 여러 마리를 주문해 가곤 했다. 그녀는 짧은 시간 안에 가게를 안정시키며 주위의 우려를 불식시켰다.

수년 후, 대기업에 다니던 남편이 해외 발령을 받으면서 그녀는 가게를 다른 사람에게 넘길 수밖에 없었다. 단골이 많고 장사가 잘되던 곳이었기에 인수자는 쉽게 나타났고, 권리금도 넉넉히 받을 수 있었다. 인수자는 한 달 동안 전 주인과 함께 일하며 설비, 레시피, 단골 고객 명단까지 꼼꼼히 인계받았다. 그러나 그는 정작 가장 중요한 '마음가짐'은 이어받지 못했다.

매출만을 우선시하던 그는 치킨 반 마리를 사려는 고객에게 불친절하게 대했고 작은 불친절이 고객과의 관계를 서서히 흔들기 시작한 것이다. 하지만 결정타는 기름을 조금 더 사용히기 위해 투명 유리창을 불투명 셀로판지로 가린 순간이었다. 이로 인해 품질 투명성에 대한 신뢰가 무너져 남아 있던 단골들마저 등을 돌리며, 두 번째 주인은 가게를 인수한지 불과 6개월 만에 문을 닫고 말았다.

왜 첫 번째 주인은 성공하고, 두 번째 주인은 실패했을까? 이 사례가 주는 교훈은 **경영자의 마음가짐에 따라 기업은 성공할 수도, 실패할 수도 있다**는 것이다. 나의 지인은 철학이나 이념과 같은 어려운 개념은 잘 몰랐지만, 자신이 왜 이 일을 하는지를 분명히 알고 있었다. "내 아이들에게 집에서 해주었던 것처럼, 동네 사람들이 믿고 먹을 수 있는 깨끗하고 건강한 치킨을 팔고 싶다."고 자신의 생각을 명확하게 표현했다. 이처럼 경영자는 '내가 왜 비즈니스를 하는가?' 즉, '비즈니스의 목적이 무엇인가?'에 대한 명확한 답을 가지고 있어야 한다. 이것이 **기업이 존재하는 이유, 즉 기업의 이념 또는 기업의 목적(Purpose)**인 것이다. 눈에 보이지 않으니 간과하기 쉽지만, 이는 '업의 본질'에 관한 것이며 기업의 성패를 좌우할 정도로 중요하다.

또한, 나의 지인은 가게를 운영하면서 항상 '**친절**'하게 고객을 대하고, 좋은 식재료와 깨끗한 기름으로 '**정직**'하게 음식을 만들었으며, 맛있고 품질 좋은 치킨을 만들고자 '**성실**'한 자세로 가게를 운영했다. 이처럼 경영 활동을 해 나가는 데 필요한 기본적인 사고방식으로 **기업 경영의 기준이 되는 일련의 가치관을 '경영철학'**이라고 할 수 있다. 이는 기업의 의사결정 기준이 되고, 어떤 상황에서도 타협하지 않는 기업 경영의 원칙이 된다. 그러나 두 번째 주인은 첫 번째 주인으로부터 시설·장비·요리법·고객 명단 등 눈에 보이는 것들만 이어받았고, 가게의 성장에 기여했던 그녀의 정신을 간과하였다. 결국 두 사람의 마음가짐 차이가 비즈니스의 성패를 갈라 놓게 된 것이다.

나는 기업이념이나 경영철학의 개념을 소개할 때 항상 이 치킨 가게의 사례를 든다. 경영자들의 마음가짐과 그것의 계승이 얼마나 중요한 것인지 설명하기 위함이다. 앞서 소개한 치킨 가게의 사례처럼, 다음 세대들이 기업의 성공을 이끈 창업 세대의 정신을 계승하지 않고 기업을 단지 돈벌이의 수단으로만 생각한다면 기업은 오래 살아남을 수 없다. 오랫동안 꾸준히 고객에게 사랑받는 회사들은 한결같이 훌륭한 철학과 이념을 가지고 있다. 해외의 장수기업들이 창업 초기부터 이어온 경영이념이나 사명에 애착을 갖는 이유는 명확하다. 그것은 **오랜 세월 동안 고객과 사회에 올바른 가치를 전달했다는 믿음** 때문이다.

따라서 가업승계는 단순한 소유권이나 경영권의 이전이 아니다. 눈에 보이는 자산은 누구나 인계할 수 있지만, **철학과 이념은 오직 노력으로만 전해진다.** 창업정신과 기업의 존재 이유가 분명히 계승되지 않는다면 승계는 이미 절반의 실패다. 반대로 이념과 철학이 이어질 때에만 기업은 장기적인 성공과 지속 가능성을 담보할 수 있다.

창업의 역사를 되돌아보라

기업의 철학과 이념을 체계화하기 위해 가장 먼저 해야 할 일은 창업의 역사를 되돌아보는 것이다. 창업 당시의 상황과 외부 환경, 그리고 창업자가 가졌던 신념과 철학은 기업의 정체성을 이해하고 정립하는 데 중요한 단서가 된다. 이는 단순한 회고가 아니라 기업의 존재 이유와 본질적 가치를 재발견하는 과정이며, 창업자의 정신을 조직 전체가 공유할 수 있도록 구체적 기준으로 만드는 출발점이다.

창업자는 스스로에게 물어야 한다. 왜 그 시기에 이 사업을 시작했는가? 창업 당시의 외부 환경은 어떤 영향을 주었는가? 초기 성공을 가능하게 했던 핵심 요인은 무엇이었는가? 시간이 흐르면서 고객, 시장, 조직 내부는 어떻게 변화했는가? 이러한 질문에 답하는 과정은 기업의 존재 이유와 가치를 명확히 정의하고, 이를 미래 방향성과 연결한다.

따라서 창업의 역사를 되돌아보는 일은 과거를 단순히 기념하거나 답습하는 것이 아니다. **창업자의 철학을 바탕으로 기업의 방향성을 정립하고, 이를 조직 내에서 실천 가능한 기준으로 만드는 것이다.** 체계화된 철학과 이념은 조직의 전략적 결정을 이끄는 기반이 되며, 후계자와 직원들이 기업의 목적과 가치를 공유하도록 만든다. 결국 "창업의 역사를 되돌아보라." 는 말은 창업정신을 명확히 이해하고 이를 조직과 후계자의 나침반으로 삼으라는, 승계 준비의 핵심 메시지다.

사명과 핵심가치로 경영원칙을 세워라

오늘날 많은 기업들은 경영이념과 철학을 **사명**(Mission)과 **핵심가치**(Core Values)로 구체화하고 있다. 이는 기업의 존재 이유와 목적을 명확히 정의함으로써 내부적으로는 조직의 통합성을 강화하고, 외부적으로는 고객과 사회에 신뢰를 심어주는 데 효과적이다. 사명과 핵심가치는 단순한 슬로건이 아니라, **기업의 운영 원칙이자 모든 전략적 결정의 기준**이 되어 조직을 하나로 묶는 중요한 역할을 한다.

가업승계 컨설팅에서 내가 가장 먼저 확인하는 것도 바로 이 지점이다. **사명과 핵심가치가 '형식'이 아닌 '뿌리'로 작동하는가?**

얼마 전 만난 한 중견기업의 로비에는 근사한 액자가 걸려 있었다. 사명과 핵심가치, 비전이 정갈한 캘리그라피로 새겨져 있었다. 그러나 정작 경영자는 그 문구를 정확히 기억하지 못했고, 직원들은 '무엇을, 왜, 어떻게' 해야 하는지를 그 문장에서 읽어내지 못했다. 그 문구는 몇 해 전 외부 컨설팅을 통해 '만들어진' 것이었고 창업자의 이념과 경험, 조직의 맥락이 빠져있었기 때문이다.

이 문제를 해결하기 위해 우리는 창업자의 경영 여정을 따라가고, 위기와 선택의 순간들을 복기했다. 그때의 판단기준, 즉 무엇을 지키고 무엇을 포기했는가를 발굴해 정리하고 그 위에 사명과 핵심가치를 세웠다. 문구는 짧아졌지만 조직의 이해는 깊어졌다. **사명은 '선언'에서 '기준'이 되었고, 핵심가치는 '슬로건'에서 '행동 규범'으로 내려왔다.** 그때부터 회의의 톤이 달라졌다. '이 결정이 우리의 사명에 맞는가?', '이 행동이 핵심가치를 어기지는 않는가?' 문장이 살아 움직이기 시작한 것이다. 그때부터 조직의 언어가 바뀌었다. 말이 아니라 행동이 문화를 만들기 시작한다.

이 사례는 철학이나 이념의 정립이 단순히 문구 작성이 아니라 기업의 본질적 가치를 재발견하고 이를 조직 전반에 스며들게 하는 과정임을 보여준다. 이와 같이 기업의 정신이 체계적으로 정리되고 조직 구성원 모두가 이를 공유할 때, 기업은 세대를 넘어 지속 가능한 성장을 이어갈 힘을 갖게 된다.

사명(Mission): 기업의 존재 이유

　오늘날 많은 기업들은 경영이념을 사명으로 명료화한다. 사명은 기업이 왜 존재하는지, 고객과 사회에 어떤 가치를 전달하려 하는지를 정의하는 기업의 존재 이유이자 목적이다. 명확한 사명은 조직의 방향을 잡고 전략적 선택의 기준이 된다. 피터 드러커는 "성공적인 비즈니스를 위한 첫 번째 계획은 금전적 수익이 아니라 사명을 실천하는 것부터 시작한다."[6]고 강조했다.

　사명은 길지 않아도 된다. 그러나 **짧은 문장에 방향성이 살아 있어야** 한다. 다음의 시례처럼 말이다.

• **월마트(Walmart)**
"사람들이 돈을 절약할 수 있도록 하여, 더 나은 삶을 살게 한다."
월마트의 사명은 저렴한 가격과 효율적인 유통망을 통해 고객들의 생활 수준을 높이는 데 중점을 둔다. 월마트는 이 사명을 바탕으로 세계 최대의 유통기업으로 성장했다.

• **삼성전자(Samsung Electronics)**
"인재와 기술을 바탕으로 최고의 제품과 서비스를 창출하여 인류사회에 공헌하는 것"
삼성전자는 혁신적인 제품과 서비스를 통해 전 세계 사람들의 삶을 풍유롭게 하고, 사회에 긍정적인 영향을 미치는 것을 목표로 한다.

　사명을 체계적으로 정립하기 위해서는 먼저 스스로에게 물어야 한다.

우리는 왜 존재하는가? 우리의 고객은 누구인가? 우리의 제품과 서비스가 고객의 삶을 어떻게 바꾸는가?

이 질문들에 대한 답을 간결한 한두 문장으로 응축해 사명선언문으로 정리하자. 조직 내 어디서 읽더라도 같은 그림이 떠오를 만큼 분명해야 한다. **사명은 기업의 정체성을 비추는 기준이며, 모든 전략과 의사결정의 출발점**이다.

글로벌 기업들의 사명을 보면 공통적으로 현재 사업의 목적을 명확히 밝히고, 이를 사내외에 공표하며 전사적으로 공유한다는 점을 알 수 있다. 짧은 한 문장이지만 그 안에 기업의 궁극적인 목적과 방향성이 담겨 있다. 그렇다면 세계적인 기업들은 사명을 어떻게 정의하고 있을까?

표 1-1 글로벌 기업들의 사명

회사명	사명(Mission)
스타벅스	한 사람, 한 잔, 한 동네에서 사람의 마음에 영감을 불어넣고 함께 성장한다.
구글	세상의 모든 정보를 정리해 누구나 쉽고 자유롭게 활용할 수 있도록 한다.
코카콜라	세상에 활력을 불어넣고, 낙관과 행복을 전하며, 더 나은 세상을 만드는데 기여한다.
디즈니	뛰어난 스토리텔링으로 전 세계 사람들에게 즐거움과 감동, 영감을 제공한다.
마이크로소프트	모든 개인과 조직이 잠재력을 발휘하고 더 큰 성과를 내도록 돕는다.

사명을 정립하는 것은 대기업의 일만은 아니다. 내가 컨설팅했던 중소·중견기업에서도, 사명을 명확히 세우는 과정이 기업의 방향성과 정체

성을 바로 세우는 결정적 계기가 되었다.

일례로 한 양돈농장의 경우가 있다. 이 기업은 오랫동안 '그저 돼지를 기르는 회사' 정도로만 인식되고 있었다. 그러나 승계를 준비하는 과정에서 회사는 **"안전하고 건강한 먹거리를 책임지고, 지속 가능한 축산으로 지역과 함께 성장한다."**라는 사명을 정립했다. 그리고 이를 실천하기 위해 위생 표준을 재정비하고 악취·폐수 관리 체계를 강화했다. 그 결과 이 농장은 단순한 생산자를 넘어 '신뢰받는 생산자'라는 이미지를 확보하게 되었다.

또 다른 사례는 호텔에 납품하는 커튼과 침구를 제조하던 기업이다. 이 회사는 그동안 B2B 납품 중심으로 사업을 이어왔지만, 사명 정립 과정에서 **"최고의 숙면 환경을 제공해 고객의 삶과 휴식을 풍요롭게 한다."**라는 방향을 설정했다. 이후 품질 기준을 재정립하고 원단 연구개발에 투자했으며, 고객의 '숙면 경험'을 중심으로 마케팅 전략을 전환했다. 그 결과 B2B 시장에서의 신뢰를 강화하는 동시에 B2C 시장에도 성공적으로 진출해 차별화를 이룰 수 있었다.

사명은 기업의 규모와 관계없이 모든 조직이 반드시 정립해야 할 경영의 출발점이다. 명확한 사명은 기업이 방향을 잃지 않게 하고, 구성원들을 공통의 목적 아래 하나로 묶어준다. 특히 승계를 준비하는 기업이라면 창업자의 경영이념을 토대로 사명을 세우고, 이를 조직 전반에 스며들게 해야 한다.

핵심가치: 기업의 나침반

사명이 '왜(Why)'라면, 핵심가치(Core Values)는 '어떻게(How)'에 해당한다. 창업자의 철학이 일상의 행동기준으로 내려오는 통로가 핵심가치이다. **기업의 의사결정, 사람을 뽑고 키우는 기준 그리고 위기 때 흔들리지 않게 해주는 가이드가** 모두 여기에서 나온다.

실제로 많은 장수기업들은 창업 초기부터 이어온 핵심가치를 기업 운영과 문화 속에 깊이 새겨, 세대를 넘어 꾸준히 이어왔다. 이러한 **가치의 일관된 계승이야말로 변화와 위기 속에서도 흔들리지 않는 생존력과 지속 가능성을 보여주는 원천이** 된다.

듀폰(DuPont)은 안전과 보건, 인간존중, 최고의 윤리적 행동, 환경보호를 핵심가치로 삼아 1802년 설립 이후 200년 이상 생존한 글로벌 화학 기업이다. 특히 안전을 최우선으로 삼아 온 경영철학은 듀폰의 모든 활동에서 일관되게 나타난다. 듀폰은 단순히 안전 기준을 준수하는 데 그치지 않고, 산업 안전의 선구자로서 지속 가능한 혁신을 이끌어왔다. 이는 듀폰의 핵심가치가 기업 내부는 물론, 업계와 사회 전반에 긍정적 영향을 미치는 원동력이 되었음을 보여준다.

SC 존슨(SC Johnson)은 1886년 설립 이래 회사의 핵심가치로서 직원, 소비자, 대중, 지역사회, 그리고 더 나아가 전 세계를 위해 옳은 일을 하고, 모든 사람을 정직하고 존중하는 자세로 대할 것을 원칙으로 삼아왔다. 이는 1927년 2대 경영자인 허버트 F. 존슨 시니어의 연설에서 처음 제시되었고, 이후 '우리의 신념(This We Believe)'이라는 문서로 공식화되었다. SC 존슨은 자신들이 책임져야 할 다섯 집단(직원·소비자 및 사용자·일반 대중·이웃·세계 공동체)에 대한 신념과 그들의 신뢰를 얻어야 한다는 철학을 창업 초기부터 세대를 이어 계승해오며 기업 발전의 초석으로 삼고 있다.

핵심가치를 체계화하려면 과거와 현재, 미래를 관통하는 기업의 본질적 가치를 정의해야 한다. 이를 위해 다음과 같은 질문들이 도움을 줄 수 있다.

- 우리 회사가 과거에 성공할 수 있었던 중요한 원칙은 무엇인가?
- 현재 기업 운영에서 반드시 지켜야 할 핵심가치는 무엇인가?
- 미래에도 지속 가능한 성장을 위해 반드시 계승해야 할 원칙은 무엇인가?

이러한 질문을 통해 도출된 다양한 가치들 중에서 기업의 정체성을 대표할 수 있는 3~5개의 핵심가치를 선정하는 과정이 필요하다.

핵심가치가 정해지면, 그 의미를 조직 내 모든 구성원이 동일하게 이해할 수 있도록 명확한 정의를 내리고, 구체적인 행동 규정으로 연결해 기업 문화와 경영 활동 전반에 스며들게 해야 한다. 이때 핵심가치는 구호가 아니라, 기업이 어떤 사람과 문화를 숭시하며 어떤 방식으로 세대 간 철학을 이어가고자 하는지를 보여주는 지침이 되어야 한다.

실제로 삼성전자는 창업주 이병철 회장의 '인재 제일' 정신과 이건희 회장의 '변화와 혁신' 철학을 바탕으로 이를 체계화하여, 시대 변화 속에서도 흔들리지 않는 경영의 기준으로 삼아왔다. 삼성전자는 다음과 같이 핵심가치를 정의하고 있다.

- 인재 우선(People)

'기업은 사람이다'라는 신념을 바탕으로 인재를 소중히 여기고 마음껏 능력을 발휘할 수 있는 기회의 장을 만들어 갑니다.

- 최고 지향(Excellence)

끊임없는 열정과 도전정신으로 모든 면에서 세계 최고가 되기 위해 최선을 다합니다.

- 변화 선도(Change)

변화하지 않으면 살아남을 수 없다는 위기의식을 가지고 신속하고 주도적으로 변화와 혁신을 실행합니다.

- 정도 경영(Integrity)

곧은 마음과 진실되고 바른 행동으로 명예와 품위를 지키며 모든 일에 있어서 항상 정도를 추구합니다.

- 상생 추구(Co-prosperity)

우리는 사회의 일원으로서 더불어 살아간다는 마음을 가지고 지역사회, 국가, 인류의 공동 번영을 위해 노력합니다.

핵심가치는 구성원들의 행동과 의사결정에 일관성을 부여하고, 기업 전체가 같은 가치관으로 움직이게 하는 중심축이 된다. 직원들이 핵심가치를 기반으로 행동하고 평가받을 때 기업의 가치관은 조직 문화로 자리 잡으며, 지속적인 성장을 위한 강력한 동력이 된다. 무엇보다 핵심가치는 구성원들에게 '어떤 사람이 되어야 하는가'라는 기준을 제시함으로써, 조직 전체가 강한 연대감을 형성하도록 이끈다.

결국, **핵심가치는 기업이 흔들리지 않는 나침반과 같은 역할**을 한다. 듀폰, SC존슨, 삼성처럼 세대를 넘어 신뢰받는 기업들은 이 가치를 행동의 기준으로 삼아 조직 전반에 정착시켜왔다.

핵심가치는 단순한 과거의 유산이 아니라, 미래로 나아가는 데 필요한 가장 강력한 도구임을 기억해야 한다.

04

유기농 경영으로 지속 가능한
성장을 이끈 사례

한국콜마는 화장품과 의약품 연구개발 전문 글로벌 ODM(제조자 개발생산) 기업으로, 1990년 윤동한 회장이 일본콜마와 합작하여 설립했다. 설립 초기 연매출이 10억 원에 불과했던 이 회사는, 2023년에는 매출 2조 원을 달성하며 큰 폭의 성장을 이루었다. 한국콜마의 이러한 성공의 이면에는 윤 회장의 '**유기농 경영**'이라는 철학과 기업문화가 자리 잡고 있다.

'**유기농 경영**'은 자연의 원리를 따라 기본과 원칙을 지키며 자생력을 키우는 경영철학이다. 윤 회장은 "**원칙과 기본에 충실하되 변화의 끈을 놓지 않는다.**"는 경영 방침을 고수하며 꾸준히 성과를 이루어왔다. 이 철학은 '기술 경영'과 '인간 경영'이라는 두 축으로 구체화되었으며, 한국콜마가 지속 가능한 성장을 이루는 데 밑바탕이 되었다.

'**기술 경영**'은 연구개발(R&D)을 통해 품질을 최우선으로 삼는 전략을 의미한다. 윤 회장은 사업 초기부터 "작은 회사라면 R&D로 승부해야 한다."고 강조해왔으며, 매년 매출의 약 6~7%를 연구개발에 투자해 왔다. 이는 동종업계 평균을 크게 상회하는 비율로, 한국콜마는 현재 952건의 특허를 출원하고 565건을 등록하며 국내외 기술력을 인정받고 있다. 이러한 품질 최우선주의는 한국콜마가 글로벌 시장에서 경쟁력을 유지하는 원동력으로 작용하고 있다.

'**인간 경영**'은 직원의 자생력을 키우는 데 초점을 둔다. 윤 회장은 "모든 것을 일일이 지시하고 챙기려 한다면 직원의 성장을 기대할 수 없다."고 강조하며, 직원 개개인이 자신의 역량을 발휘할 수 있도록 신뢰와 책임을 부여하는 문화를 만들어왔다. 한국콜마는 대학 서열에 관계없이 성장 가능성이 높은 인재를 신뢰하며, A급 인재보다는 성장 잠재력을 가진 B급 인재를 채용해 그들의 능력을 최대한 키우고 있다. 이처럼 구성원의 잠재력을 발굴하고 지원하는 노력을 통해 한국콜마는 새로운 유형의 인재 사관 기업으로 자리잡았다.

한국콜마의 **경영철학**은 '**4성(四性)**'과 '**5행(五行)**'이라는 핵심가치로 구체화된다. 4성은 '**창조성**', '**합리성**', '**적극성**', '**자주성**'을 의미하며, 이는 직원들의 판단 기준이자 회사의 전통으로 자리잡고 있다. 특히 '창조성'은 새로운 가치를 창출하기 위한 끊임없는 개선과 탐구를 의미하며, 이를 통해 한국콜마는 BB크림과 같은 혁신적인 제품을 탄생시켰다. '합리성'은 원칙과 기본을 지키며 최선의 방법을 모색하는 것을 뜻하고, '적극성'은 과감한 실천으로 가능성을 실현하는 태도를, '자주성'은 상호 신뢰를 바탕으로 조직원들의 주인 의식을 강조한다.

5행은 '독서', '근검', '겸손', '적선', '우보천리'로 구성된 행동 규범이다. 여기서 '우보'는 '우보천리(牛步千里)'의 정신으로, **"소의 걸음처럼 느리더라도 꾸준히 나아가자."는 의지와 성실함**을 강조하는 중요한 가치이다. 한국콜마의 신입사원 교육 중 하나로, 본사에서 온양 온천까지 약 30km를 하루 동안 행군하는 프로그램이 있다. 윤 회장은 매년 이 프로그램에 동참하며 신입사원들에게 기업철학을 몸소 체득하게 했다. 이러한 노력은 한국콜마의 구성원들에게 원칙과 지속 가능성의 중요성을 가르치며, 회사의 장기적 비전을 공유하는 계기가 되었다.

또한 한국콜마는 임직원들의 인문학적 소양을 높이기 위해 독서를 적극 권장하며, 이를 위한 독서 장려 프로그램 'KBS(Kolmar Book School)'를 운영한다. 임직원들은 매달 1권의 책을 읽고 독후감을 작성하여 공유하며, 이를 통해 스스로를 성장시키는 문화를 만들어가고 있다. 봉사활동도 한국콜마의 중요한 가치 중 하나다. 전 직원이 연간 2만 시간 이상의 봉사활동을 통해 지역 사회에 기여하며, 이를 통해 회사는 지속 가능한 공동체의 일원으로 자리매김하고 있다.

한국콜마의 사례는 기업철학과 이념이 단순한 선언이나 구호가 아니라, 실제 경영과 조직 문화 속에 깊이 뿌리내릴 때 얼마나 큰 힘을 발휘할 수 있는지를 잘 보여준다. '기술 경영'과 '인간 경영'의 조화는 지속 가능한 경영의 본질을 드러내며, 철학이 성과로 이어질 수 있음을 증명한다.

그러나 동시에 이 사례는 중요한 사실도 일깨워준다. 아무리 훌륭한 철학과 혁신을 갖추었더라도, 가족 간 갈등이나 후계자 문제와 같은 관계의 균열이 발생하면 기업은 언제든 흔들릴 수 있다는 점이다. 철학은 보이지 않는 뿌리로서 반드시 필요하지만, 그것만으로는 지속 가능성을 담보하지 못한다.

이번 장에서 살펴본 미쉐린의 경영철학, 듀폰과 SC 존슨의 핵심가치, 한국콜마의 유기농 경영은 공통적으로 한 가지 메시지를 전한다. 기업의 철학과 가치는 과거에 머무르는 것이 아니라, 조직의 나침반이 되어 미래를 설계하는 데 쓰여야 한다는 것이다. 그렇기 때문에 창업자의 철학과 이념을 체계적으로 정리하고 이를 사명과 핵심가치로 구체화하여 조직 전체가 공유하고 실천하도록 만드는 것은 가업승계의 첫걸음이다.

그러나 철학의 정립만으로는 성공적인 승계를 이룰 수 없다. **조직의 변화관리, 후계자 육성, 가족 간의 신뢰, 소유권의 이전 등, 이 책에서 다룰 '실패 없는 승계를 위한 8가지 조건'이 함께 작동할 때**, 비로소 기업은 세대를 넘어 고객과 사회로부터 신뢰받는 브랜드로 자리 잡을 수 있다.

Chapter 02

변화혁신 :
승계를 재도약의
기회로 삼아라

지속 가능한 기업이 답이다

10여 년 전, 나는 '100년 기업을 위한 성공전략'이라는 책에서 우리나라에서 명문 장수기업으로 선정된 여러 기업의 이야기를 다뤘다. 이들은 창립 후 50년에서 70년이 지난 시점에서 2대, 3대에 걸친 승계에 성공하며 모두 100년 기업을 목표로 삼고 있었다. 그러나 몇 년이 지나지 않아, 그중 일부 기업들은 매출 급락과 심각한 적자를 견디지 못하고 결국 문을 닫는 안타까운 상황을 맞이했다. 3대에 걸쳐 장수한 기업이었지만 쇠퇴의 길은 너무나 급격했다. 성공적인 가업승계의 사례로 평가받던 기업들에게 왜 이런 일이 발생했을까?

문제의 핵심은 변화에 대한 준비 부족이었다. 품질을 최우선 가치로 내세우던 이들 기업은 급변하는 시장 환경에서 더 이상 경쟁력을 유지할 수 없었다. 변화와 혁신을 간과한 대가였다. 반면, 세계적인 장수기업들은 창업정신과 핵심가치를 유지하면서도 혁신을 멈추지 않았다. 이들은 전통을 지키는 동시에 시장 변화에 맞춘 새로운 시도를 통해 지속 가능한 성장을 이어왔다. **결국 살아남는 기업은 변화를 두려워하지 않고 혁신을 선택한 기업**이었다. 승계 기업들의 성공과 실패를 통해 그 교훈을 살펴보자.

D사는 1967년에 창립된 공작기계 제조업체로, 품질을 최고의 가치로 삼아 50년 동안 시장에서 신뢰받는 기업으로 성장해왔다. 후계자는 18년 간 밑바닥에서부터 현장 경험을 쌓으며 경영 수업을 받고 사장으로 취임했다. 그는 경영을 맡은 후에도 품질 혁신에 집중하며 기업의 경쟁력을 높이려는 노력을 기울였다. 하지만 중국산 저가 제품들이 품질을 점점 따라오자 시장의 판도는 빠르게 변하였다. D사의 기존 고품질 전략은 더 이상 시장에서 강점을 발휘하지 못했다. 이런 상황에서 새로운 돌파구를 찾지 못했던 것이 결정적인 패인이 되었다. 결국 매출 하락과 누적 적자가 이어져 회사는 시장에서 도태되고 말았다. 이 사례는 단순히 품질 혁신만으로는 변화하는 시장의 흐름을 따라잡을 수 없으며, 환경 변화 속에서 새로운 전략적 도전이 필수적임을 보여준다.

S사는 1935년 작은 목공소에서 시작해, 2세 경영자가 품질과 장인정신을 핵심가치로 삼아 목재창호 시장에서 신뢰받는 브랜드로 자리 잡았다. 3세 후계자는 해외 유학을 마치고 돌아와 기업을 이어받으며, 새로운 제품을 개발하고 소비자에게 다가가려는 노력을 이어갔다. 그의 부친은

"후계자가 회사를 이어받아 지금까지 쌓아온 신용과 품질을 잘 유지한다면, 크게 성공하지 않더라도 망할 일은 없을 것"이라고 자신했지만, 건축 트렌드는 목재창호에서 샷시창호로 빠르게 전환되어 시장에서 매력을 잃어갔다. 3세 후계자는 새로운 제품을 런칭하는 등 많은 노력을 기울였지만 시장의 변화를 따라잡기에는 역부족이었고, 유동성 위기가 닥치면서 더 이상 회사를 유지할 수 없게 되었다. 수십 년간 이어온 성공 방식을 답습해 그것이 계속 유지될 것이라 믿으며 변화의 속도에 맞추지 못한 결과, 65년간 이어온 회사는 불과 몇 년 사이 문을 닫게 되었다.

두 사례 모두에서 전통적 강점을 고수한 나머지 변화에 맞춘 전략적 혁신이 부족했다는 점이 확인된다. 이런 한계는 '혁신을 통한 전통 유지(Innovation through Tradition)' 전략의 필요성을 보여준다. 이 전략은 장수기업이 창업 이래 지켜온 핵심가치와 장인정신은 지키되, 기술·제품·시장과 같이 변화가 필요한 영역에서는 적극적으로 혁신을 도입하는 양손잡이 경영(Ambidexterity)을 강조한다.[1] 실제로 세계적인 장수기업들은 제품 개발, 고객 경험, 글로벌 시장 진출 등에서 이러한 접근법을 실천하며, 수십 년 이상 경쟁력을 유지해 왔다.

반면, Y사는 1980년대 초, S사와 같은 지역에서 목공소로 시작해 2010년 초에는 S사와 거의 같은 수준의 매출을 기록한 기업이다. 초기에는 문짝, 문틀, 몰딩 전문 회사로 성장했지만, 창업자는 본업에 안주하지 않고 사업 영역을 꾸준히 확장하며 변화를 수용해왔다. 이 과정에서 부엌

가구 시장 진출과 건축 트렌드 변화에 대응해 샷시 제조업체 M&A로 사업 포트폴리오를 전환하여 토탈 인테리어 회사로 변신하며 중견기업으로 성장할 수 있었다.

두 기업은 모두 작은 목공소에서 출발했지만, 하나는 과거의 성공 공식을 고수하다 쇠퇴했고, 다른 하나는 변화와 혁신을 과감히 수용해 중견기업으로 성장했다. 변화에 대한 대응 방식의 차이가 기업의 운명을 갈랐다.

이러한 선제적 혁신 사례는, **환경 변화에 유연하게 대응하고 신성장 분야에 과감하게 투자한 기업이 장기적으로 생존할 가능성**이 높다는 맥킨지(McKinsey & Company) 보고서의 분석과도 일치한다.[2] 해당 보고서는 장수기업들의 공통 특징 중 하나로, **기존 핵심 사업에 안주하지 않고 끊임없이 미래 성장 가능성이 있는 신사업·신시장에 자원을 이전하는 '포트폴리오 전환 전략'**을 강조한다. 이를 통해 기업은 환경 변화와 산업 트렌드에 선제적으로 대응하며 장기적으로 경쟁력을 유지할 수 있게 된다.

결국 지속 가능한 기업이란 단순히 오래 살아남는 기업이 아니라 시대의 변화에 스스로 적응하며, 다음 세대가 다시 성장할 수 있는 힘을 남겨주는 기업이다. 가업승계의 본질은 단순히 회사를 물려주는 일이 아니라, 기업이 스스로 생존하고 성장할 수 있는 체계를 다음 세대로 잇는 일이다. 철학과 이념, 변화와 혁신이 조화를 이룰 때 기업은 비로소 세대를 넘어 지속 가능한 생명력을 이어갈 수 있다. 그렇기에 **'지속 가능한 기업'**이야말로 가업승계의 궁극적인 해답이다.

변화와 혁신, 승계기의 필수 조건

앞서 소개한 세 기업 모두 품질을 최우선 가치로 삼았다는 공통점을 가진다. 그러나 D사는 품질에만 집착해 시장 변화에 대응하지 못했고, S사는 혁신의 중요성을 인식하고 있었지만 변화의 흐름을 놓치는 한계를 보였다. 반면, Y사는 시장의 흐름에 민감하게 반응하며 소비자의 니즈를 지속적으로 파악하고, 환경 변화에 발맞춘 새로운 도전으로 기업을 성장시켰다.

오늘날의 시장 환경에서 품질만으로는 더 이상 경쟁력이 충분하지 않다. **품질은 이미 상향 평준화되었으며, 고객에게 지속적으로 새로운 가치를 제공할 수 있는 변화와 혁신이 기업 생존의 필수 조건**이 되있다. 이는 특히 승계의 과정에서 더욱 중요하다. 시장의 흐름을 읽고 과감한 변화를 이끌어낼 때, 기업은 세대를 이어 지속 가능한 성장을 실현할 수 있다.

승계기는 가족기업에게 있어 위기이자 기회다. 경영자가 교체되는 과정에서 혼란이 발생할 수 있지만, 동시에 새로운 시대에 맞게 사업 전략을 재정비하고 변화를 가속화할 수 있는 중요한 전환점이 된다. 연구에 따르면, 은퇴를 앞둔 1세대 경영자가 후계자의 역량을 신뢰할 경우 승계 이전에 사업 혁신과 변화를 위한 적극적 투자가 이루어지는 경향이 나타났다.[3] 반대로 후계자에 대한 신뢰가 부족할 경우 경영자는 사업을 축소하거나 처분하려는 방향으로 움직이기 쉬워, 결과적으로 승계 이후 기업 경쟁력이 약화될 위험이 커진다.

이는 승계기를 단순한 경영권 이양의 과정으로 볼 것이 아니라, **사업의 미래를 새롭게 설계하고 혁신 역량을 강화하는 기회로 삼아야 함을 시사**한다. 후계자가 준비된 리더십을 발휘하고 혁신을 주도하는 전략적 의지를 갖출 때, 승계는 기업이 다음 성장 주기로 도약하는 발판이 될 수 있다. 반면 변화에 실패하면 정체와 쇠퇴로 이어져 '부자 삼대 못 간다'는 함정에 빠질 위험이 높다. 결국 승계 성공의 핵심은 과거의 방식에 안주하지 않고, 새로운 시대를 선도할 수 있는 변화와 혁신의 의지를 조직 전체에 확산시키는 데 있다. **혁신 없는 승계는 과거의 연장이지만, 혁신을 수반한 승계는 미래로의 도약이다.**

그렇다면 가족기업의 혁신은 어디서부터 시작해야 할까? 그것은 기존의 성공 공식을 버리는 데서 출발한다. 기존 제품이 성숙기에 접어들었는데도 과거의 방식에 집착하거나, 지금까지 해온 방식이니까 그대로 가야 한다는 사고방식은 변화와 혁신을 가로막는다. 혁신은 단순히 기술만의 문제가 아니다.

최근의 혁신은 가치 혁신, 프로세스 혁신, 비즈니스 모델 혁신은 물론 기업 전체의 사고방식과 운영방식을 디지털 기반으로 변화하는 **'디지털 전환(Digital Transformation)'**의 흐름으로 이어지고 있다. 디지털 전환은 고객 경험, 내부 커뮤니케이션, 의사결정 구조, 일하는 방식 전반에 영향을 미치며, 기업의 체질을 근본적으로 바꾸는 계기가 된다. 중소기업이나 가족기업도 예외일 수 없다.

특히 후계자에게 디지털 전환은 단순히 최신 기술을 이해하는 것을 넘어, 기업의 구조와 전략을 전면 재설계하는 변화관리 과정이자 미래를 새롭게 설계하는 도전이다. 최근 연구에 따르면, 디지털 전환은 생산성과 효율성뿐 아니라 고객 경험 혁신과 신규 비즈니스 모델 창출까지 가능하게 한다.[4] 디지털 기반의 사고는 새로운 시장 진입, 고객과의 실시간 연결, 기존 조직의 한계 극복을 가능하게 하며, 전통적인 핵심가치를 훼손하지 않으면서도 이를 확장할 잠재력을 갖는다. 따라서 후계자는 기술도입을 넘어서 기업문화, 조직, 사업 포트폴리오까지 통합적으로 혁신할 비전과 실행력을 갖추어야 한다.

결국 디지컬 전환은 단순한 기술 도입이 아니라 리너십과 조직문화 혁신의 문제다. 변화의 방향을 제시하고 이를 실행하는 후계자의 비전과 실행력이야말로 승계 성공을 좌우하는 핵심이다.

성숙기는 쇠퇴와 재도약의 갈림길

사람에게 유년기, 청년기, 장년기, 노년기가 있듯, 기업의 성장과정도 일정한 패턴을 따른다. 창업기(1단계), 성장기(2단계), 성숙기(3단계)를 거쳐 기업은 다시 한번 중요한 전환점을 맞이한다. 바로 **쇠퇴할 것인가, 아니면 재도약할 것인가**의 갈림길(4단계)이다. 사람은 노년기에 이르면 누구도 자연의 섭리를 거스를 수 없지만, 기업은 다르다. 기업은 선택과 변화에 따라 언제든 새로운 성장 곡선을 그릴 수 있다. 즉, 성숙기에서 어떤 결정을 내리느냐가 기업의 미래를 좌우한다.

[그림 2-1]은 기업의 라이프사이클을 보여준다. 성숙기에 접어든 기업이 어떤 길을 선택하느냐에 따라 지속 가능한 성장으로 이어질 수도 있고, 변화에 실패하여 쇠퇴로 접어들 수도 있다. 반대로, 성장기 단계에서부터 변화를 준비한 기업은 성숙기를 거치며 더욱 단단한 재도약의 발판을 마련한다.

그림 2-1 기업의 라이프사이클과 성숙기 기업의 경로

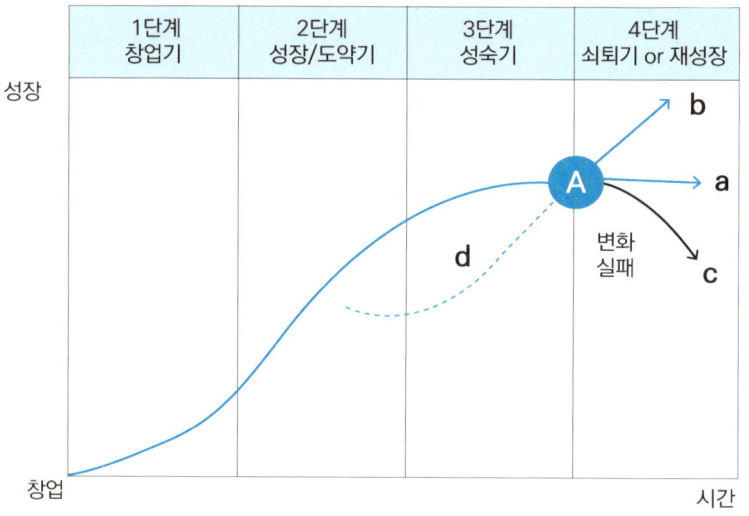

성숙기는 기업의 성장세가 최고조에 이르러 매출과 수익이 안정되는 시기이지만, 바로 그 안정이 가장 큰 위험 요인이 되기도 한다.

① **성장 정체:** 시장이 포화 상태에 이르거나 경쟁이 심화되면서 더 이상의 급격한 성장이 어려워진다.

② **조직의 관료화:** 조직이 안정되면서 효율성은 높아지지만, 변화에 대한 저항이 커지고 기존 시스템을 유지하려는 성향이 강해진다.

③ **과거 성공 방식의 고착화:** 과거의 성공 방식을 현재도 유효하다고 믿으며 혁신을 지연시킨다.

이처럼 성숙기는 기업이 안정을 유지하며 현재 상태에 머무를 것인지, 아니면 변화와 혁신을 선택할 것인지에 따라 미래가 결정되는 중요한 시점이다. 이 시기의 기업은 대체로 세 가지 길 중 하나를 걷는다.

- a(정체): 현재 상태를 유지하며 소극적으로 대응하는 경우
- h(재도약): 변화와 혁신을 통해 지속적이 성장을 이루는 경우
- c(쇠퇴): 변화에 적응하지 못하고 경쟁력을 잃어가는 경우

기업이 안정을 유지하며 소극적으로 대응하고 변화를 거부한다면, 그것은 단지 시간의 문제일 뿐 결국 쇠퇴기로 접어들 위험이 크다(A→c 경로). 반면, 변화와 혁신을 주도하는 기업은 새로운 성장 동력을 확보하며 재도약할 수 있다(A→b 경로).

그러나 성숙기에 들어서 변화를 인식한다면 이미 늦었을 가능성이 크다. 따라서 성장기 단계에서부터 미래를 예측하고 대비해야 성숙기에 접어들었을 때도 유연하게 재도약의 기회를 잡을 수 있다(d→b 경로).

특히 성숙기는 기업의 세대교체가 이루어지는 시기와 맞물리는 경우가 많다. 이 시기 세대교체와 경영권 이선은 기업의 미래를 결정짓는 핵심

변수로 작용한다.[5] 후계자의 리더십, 혁신 의지, 조직의 유연성 등이 기업의 재도약 여부를 좌우한다. 성공적인 승계를 이루는 기업은 기존 방식을 답습하지 않고, 변화하는 시장 환경에 맞춰 새로운 성장 동력을 확보한다. 잘 준비된 다음 세대가 주도적으로 기업을 이끌어갈 수 있도록 해야 하며, 변화와 대응이 미흡하면 급격한 쇠퇴를 피할 수 없다.

앞서 소개한 D사(공작기계 제조사)와 S사(목재창호)는 변화의 필요성을 인식했음에도 불구하고 결국 속도를 따라잡지 못한 사례다. 두 기업 모두 성숙기에 들어서서야 대응하려 했기 때문에 근본적인 혁신과 사업 전환에는 한계를 보였다. 반대로, 성장기에 미리 변화를 준비한 기업은 다른 길을 걸었다.

천일식품은 성장기에 이미 미래를 준비하고 있었기에 성숙기에 접어들어서도 능동적인 변화를 통해 재도약에 성공한 기업이다. 창업 초기 원양어업을 기반으로 성장한 천일식품은 한때 빠르게 성장해 안정적인 수익을 내고 있었다. 후계자가 경영에 참여했을 당시에도 회사는 꾸준한 성과를 유지하고 있었고, 내부적으로는 변화를 시도할 필요성을 크게 느끼지 않았다. 그러나 후계자는 원양어업이 성숙기에 접어든 산업이며, 장기적으로 지속 가능성을 장담할 수 없다는 점을 인식했다.

이에 후계자는 회사의 핵심 역량을 다시 점검하며 냉동식품 사업에 선제적으로 투자해 새로운 성장 동력을 준비했다. 당시 회사내부에서는 신규 사업에 대해 회의적인 시선이 있었다. 그런데 몇 년 후, 원양어업이 쇠퇴기에 접어들면서 많은 기업들이 도산하기 시작했다. 다행히 천일식품은 이미 냉동식품 사업을 키워왔기에, 자연스럽게 사업의 중심을 냉동식품으로 전환하며 위기를 기회로 바꾸고 새로운 도약의 기회로 만들 수 있었다.

　이처럼 성숙기에 접어든 기업은 단순한 유지가 아닌 혁신을 통한 재도약을 선택해야 한다. 이 시기 후계자의 역할은 단순히 경영권을 물려받는 것이 아니라, 시장 변화를 읽고 기업의 지속 성장을 이끌어 가는 것이다. 이를 위해서는 먼저 시장의 흐름과 고객의 니즈를 빠르게 파악하고 전략에 반영하는 것이 필수적이다. 또한, 기업의 핵심역량을 재정의하고 이를 새로운 시장과 기회에 연결해야 한다. **기존의 강점을 발전시키는 혁신적 접근이 기업의 지속 가능성을 높이는 열쇠다.**

기업가 정신이 변화를
주도한다

          기업이 장기적으로 생존하고 지속적인 성장을 이루기 위해 가장 중요한 요소는 기업가 정신이다. 이는 단순히 창의적인 아이디어나 기술 혁신에 머무르지 않는다. **기업가 정신은 변화를 두려워하지 않고 새로운 기회를 탐색하며 미래를 개척하려는 의지와 행동**을 뜻한다. 후계자는 이러한 기업가 정신을 바탕으로 기업의 방향성을 새롭게 설정하고, 변화의 흐름 속에서 조직을 이끌어갈 수 있어야 한다.

    실제로 경영자가 후계자의 역량과 리더십을 신뢰할 경우, 승계 이전부터 사업 혁신에 적극적으로 투자한다. 이는 후계자가 기업가 정신을 발휘해 조직의 미래 비전을 새롭게 설계하고 변화를 주도할 준비가 되어 있을 때, 승계가 단순한 경영권 이양을 넘어 새로운 성장의 출발점이 될 수 있음을 보여준다. 결국 기업가 정신은 승계기의 혁신 역량을 좌우하는 핵심 요소이다.

경제학자 **슘페터는 기업가 정신을 '창조적 파괴'로 정의했다.**[6] 즉, 기업가 정신이란 기존의 안정을 깨드리고 새로운 가치를 창출하는 혁신 과정이다.

기업가는 단순히 기존 시장에 머무르지 않고 신제품 개발, 새로운 생산 방식 도입, 신시장 개척, 신기술 활용, 조직 혁신 등 다양한 방법을 통해 변화를 주도하며 시장을 재창조한다. 성공적인 가업승계는 결국 창조적 파괴를 수용하고 새로운 시장과 기회를 창출하는 과정과 맞닿아 있다.

기업가 정신이 만드는 새로운 기회

기업가 정신은 변화를 인식하는 데서 그치지 않고, 그 변화를 실제 성과로 전환시키는 실행력에서 진가를 발휘한다. 이 실행의 구체적 형태가 바로 '혁신'이다. **기업가 정신이 새로운 기회를 '발견'하는 과정이라면, 혁신은 그 기회를 '현실로 만드는' 과정**이라 할 수 있다. 가업승계와 혁신은 상호보완적인 관계에 있다.

경제협력개발기구(OECD)는 중소기업의 발전을 위해 필요한 기술개발과 경영혁신의 방향을 정리한 '오슬로 매뉴얼(Uslo Manual)'을 통해 혁신을 이렇게 정의한다.

"신제품이나 현저히 개선된 제품(상품 또는 서비스), 새로운 공정, 새로운 마케팅 방법론, 새로운 조직 방법론을 시행하는 것"

즉, 혁신은 단순한 기술 개발을 넘어 기업 전반에 걸친 변화의 과정이며, 가업승계 과정에서 후계자가 반드시 고민해야 할 요소다.

오슬로 매뉴얼에서는 혁신을 다음 네 가지 유형으로 구분한다.

1) 제품 혁신(Product Innovation)

제품 혁신은 신제품 개발 또는 기존 제품을 현저히 개선하는 것이다. 기술 사양, 구성 요소 및 재료, 사용자 편의성 등에서 근본적인 개선이 이루어질 때 진정한 혁신으로 평가된다.

승계 기업의 후계자는 단순히 기존 제품을 유지하는 것이 아니라, 고객의 새로운 요구와 시장의 변화를 읽어내어 핵심 제품의 진화 방향을 제시해야 한다. 이는 '창업자의 기술을 잇되, 그 기술이 시대에 뒤처지지 않게 만드는 일'이다.

2) 공정 혁신(Process Innovation)

공정 혁신은 생산·배송·서비스 과정에서 효율성과 품질을 동시에 향상시키는 새로운 방식을 도입하는 것이다. 신기술·신장비·ICT 활용 등을 통해 생산 단가를 절감하거나 품질을 높이는 것이 핵심이다.

후계자는 현장의 작은 비효율에서부터 문제를 발견하고, 디지털 전환(DX)이나 자동화 기술을 결합해 조직 전체의 경쟁력을 높이는 방향으로 이끌어야 한다. 즉, 아버지 세대가 '기술'로 회사를 세웠다면, 다음 세대는 '시스템'으로 회사를 한 단계 끌어올려야 한다.

3) 마케팅 혁신 (Marketing Innovation)

마케팅 혁신은 제품 디자인, 포장, 판로, 가격정책, 고객 커뮤니케이션 등에서 새로운 접근법을 시도하는 것이다. 기존 시장에서 벗어나 새로운 세대, 새로운 문화, 새로운 소비자와 연결하는 전략이 필요하다.

후계자는 디지털 마케팅, SNS 브랜딩, 데이터 기반 의사결정 등 부친 세대가 경험하지 못한 영역에서 시장 감각의 세대교체를 이끌어야 한다. 이는 단순한 광고의 변화가 아니라, 고객과의 관계 방식 자체를 혁신하는 일이다.

4) 조직 혁신 (Organizational Innovation)

조직 혁신은 기업 내부의 운영 방식, 의사결정 구조, 외부 협력 방식 등에서 새로운 제도를 도입하는 것이다. 관리비용 절감, 일하는 방식의 개선, 생산성 개선, 자원 최적화 등이 주요 목표다.

후계자는 기존의 위계 중심 조직을 자율과 협업 중심 구조로 바꾸는 역할을 맡아야 한다. 가족 구성원 간의 역할 정립, 의사결정 프로세스의 투명화, 외부 전문가와의 협력 체계 구축 또힌 조직 혁신의 일부디.

이처럼 혁신은 기술 개발의 영역을 넘어, 제품·공정·시장·조직 전반에서 기업의 체질을 바꾸는 일이다. 후계자가 이러한 혁신의 네 가지 축을 균형 있게 추진할 때, 기업은 한 세대를 넘어 지속 가능한 성장의 기회를 얻게 된다. 결국 기업가 정신은 혁신을 낳고, 혁신은 기업의 생존을 연장한다. 그리고 이 순환 구조 속에서 기업은 힌 세대의 성취에 머무르지 않고, 다음 세대를 향한 새로운 성장의 문을 연다.

장수기업의 지속 가능 경영모델: 다나카귀금속

앞서 소개한 순환적 성장의 원리를 가장 잘 보여주는 기업이 일본의

다나카귀금속이다. 다나카귀금속은 전당포에서 출발해 최첨단 기술 기업으로 발전하기까지, 5세대에 걸쳐 끊임없이 핵심 역량을 발전시키고 시대의 변화를 기회로 전환해온 장수기업이다. 이 회사의 성장사는 바로 기업가 정신이 어떻게 혁신으로 이어지고, 혁신이 다시 다음 세대의 기업가 정신을 자극하는지를 보여주는 대표적 사례다.

• 1세대: 전당포에서 금속 정제 기술로 발전

다나카귀금속은 1885년 전당포와 환전소로 시작했다. 창업자는 고객이 맡기고 찾아가지 않은 금반지를 정제해 금괴로 재가공하는 기술을 발전시켰다. 이어서 1889년 일본 최초로 백금 미세 필라멘트 와이어를 제조하면서 공업화 초기 일본 시장에서 독보적인 기술력을 확보했다. 이 시기의 핵심은 금속 정제 및 가공 기술로, 이는 이후 세대들이 발전시킬 기술적 초석이 되었다.

• 2세대: 백금 기술로 새로운 시장 개척

1920년대에 들어선 2세대 경영자는 기업의 기술력을 더욱 정교화시키며 공업용 백금 수요를 개척했다. 그는 프랑스 전문가를 초청해 백금 미세선과 바늘 연구에 착수했고, 이를 기반으로 촉매용 백금망을 개발했다. 이 시기의 핵심은 기존 기술을 바탕으로 공업용 백금 시장을 개척한 점이며, 이러한 노력은 산업 전반에 사용되는 정밀금속가공기술 개발로 이어졌다.

• 3세대: 반도체 산업으로 기술 확장

1960년대 3세대 경영자는 급변하는 전자산업과 반도체 시장에 주목했다. 1963년, 일본 최초로 반도체칩용 금 와이어를 생산하며 기술력을 한 단계 더 발전시켰다. 당시 다나카귀금속은 1g의 순금을 두께 0.05mm의 선으로 3000m까지 늘리는 기술을 개발했다. 이는 반도체, 디스플레이, 자동차 부품 등 다양한 분야로 확장되며 회사의 성장 동력이 되었다.

- **4세대: 의료 및 환경 산업으로 다각화**

1990년대에 접어들면서 4세대 경영자는 기존 기술을 기반으로 의료 및 환경 분야로 사업을 확장했다. 금 입자를 활용한 암 진단 키트와 바이러스 검출 시약을 개발해 의료 분야에 진출했고, 태양전지 염료와 같은 첨단 기술 제품도 선보였다. 이를 통해 다나카귀금속은 기존 산업의 틀을 넘어 새로운 성장 시장을 개척했다.

- **5세대: 첨단 산업 기술로 지속 가능한 성장**

현재의 5세대 경영진은 축적된 기술력과 경험을 바탕으로 더욱 정교한 정밀 금속 가공 기술을 개발하며 첨단 산업 분야로 사업을 확대하고 있다. 또한 지속 가능한 성장을 위해 환경산업에 투자하며, 차세대 기술 혁신을 통해 기업의 새로운 성장 동력을 마련하고 있다.

이처럼 다나카귀금속의 140년 역사는 세대가 바뀔 때마다 기술의 한계를 넘어 새로운 산업을 개척해온 '**지속적 혁신의 역사**'이다. 각 세대의 경영자는 창업자의 철학을 잇되 시대의 변화를 읽고, 새로운 시장을 향해 과감히 도전함으로써 기업의 생명력을 이어왔다.

이들의 이야기는 기업가 정신이 단순한 창업자의 전유물이 아니라, 세대를 거쳐 계승되고 확장되는 '가문의 경영철학'임을 보여준다.

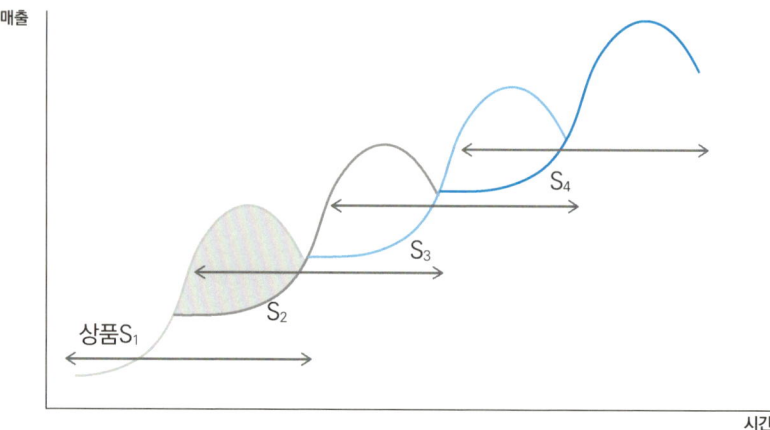

그림 2-2 기업의 장기 성장모델

[그림 2-2]와 같이, 다나카귀금속의 성장 모델은 기업가 정신을 기반으로 세대마다 새로운 성장 주기를 개척한 대표적 사례다. 이 그래프는 **각 세대가 이전 세대의 성과 위에서 다음 성장 곡선을 만들어낸 과정을 보여주며, 후계자가 기존 사업을 유지하는 데 그치지 않고 새로운 성장 사이클을 창출해야 하는 이유를 잘 설명해 준다.** 이처럼 기업의 지속적인 생명력은 한 세대의 성공이 아니라 세대마다 반복되는 혁신의 순환에서 비롯된다.

결국, 장수기업은 100년이 지나도 늙지 않는 기업이다.

03

혁신의 조직문화를
설계하라

　　많은 중소·중견기업의 혁신은 창업자의 창의력과 결단력에서 출발한다. 그러나 혁신이 창업자의 개인 역량에 머물면 세대교체 이후 급격한 정체를 피하기 어렵다.

　　세대가 바뀌더라도 기업이 성장의 활력을 유지하려면, **창업자 중심의 혁신 구조를 조직 중심의 혁신 문화로 전환**해야 한다. 특히 후계자의 리더십 스타일이 창업자와 다르더라도, 조직이 스스로 변화를 수용하고 혁신을 지속할 수 있는 문화를 갖추어야 기업은 흔들림 없이 성생덕을 유지될 수 있다. 결국 혁신은 사람에서 문화로 옮겨져야 지속된다.

　　하버드경영대학원의 연구에 따르면, 경기침체 이후에도 꾸준히 성장한 기업들은 예외 없이 변화와 혁신을 두려워하지 않는 조직문화를 갖추고 있었다.[7] 이는 단순히 위기를 극복한 것이 아니라, 오히려 변화를 통해 더 높은 성장 단계로 도약한 결과였다. 따라서 성공적인 세대교체를 위해서는 **조직이 스스로 혁신을 추구할 수 있는 문화**를 형성해야 한다. 창업자의 부재 이후에도 기업이 흔들림 없이 성장하기 위해 필요한 것은 '사람이 아닌 문화에 뿌리내린 혁신'이다.

혁신적인 조직문화를 만드는 5가지 전략

가업승계를 준비하는 기업에게 조직문화 혁신은 선택이 아닌 필수다. 아무리 뛰어난 후계자가 있어도, 구성원이 변화에 저항하거나 기존 방식에만 안주한다면 새로운 전략은 제대로 작동하지 않는다. 창업자의 시대와는 다른 환경 속에서 살아남기 위해서는, 기업 전체가 혁신을 자연스럽게 받아들이는 문화를 갖추고 있어야 한다. 다음은 혁신적인 조직문화를 만들기 위해 반드시 고려해야 할 다섯 가지 핵심 전략이다.[8]

① 리더의 의지를 기반으로 시작하라.
조직문화 변화는 반드시 리더의 의지에서 출발해야 한다. 리더는 혁신이 외부 환경 대응을 넘어, 기업의 장기적 생존과 성장의 핵심임을 직원들에게 분명히 전달해야 한다. 특히 창업자는 후계자와 함께 기업의 비전과 혁신의 중요성을 공유하고, 이를 실천으로 보여주는 리더십을 발휘해야 한다.

② 작은 성공을 축적하라.
혁신은 반드시 거창한 프로젝트나 파격적인 변화에서만 이루어지는 것이 아니다. 기존 제품의 개선, 업무 효율성 향상, 내부 프로세스 혁신 등 소규모의 변화를 꾸준히 쌓아가는 것이 장기적인 성공의 열쇠다. 작은 성공은 조직 전체에 자신감을 심어주고, 변화에 대한 긍정적인 태도를 확산시키는 데 기여한다.

③ 변화를 긍정적으로 정의하라.

많은 조직에서 변화는 두려움이나 부담으로 여겨진다. 하지만 변화는 성장을 위한 필수 요소다. 리더는 변화를 통해 얻을 수 있는 구체적인 혜택을 직원들에게 설명하고, 변화가 조직에 긍정적인 영향을 미칠 것임을 강조해야 한다. 변화의 성공 사례를 제시하거나, 변화를 통해 조직이 얻을 수 있는 장점을 명확히 하는 것이 설득력이 높다.

④ 실수와 실패를 용인하라.

혁신적인 문화를 가진 조직은 실패를 학습의 기회로 삼는다. 실수와 실패를 두려워하지 않는 환경을 조성해 직원들이 새로운 아이디어를 자유롭게 제안하고 실행할 수 있도록 해야 한다. 일부 글로벌 기업들은 실패 사례를 공개적으로 논의하며, 그 과정을 통해 개선점을 도출함으로써 지속적인 혁신을 실천하고 있다.

⑤ 아이디어를 공유할 수 있는 환경을 만들어라.

혁신적인 조직문화는 자유롭고 개방적인 환경에서 시작된다. 직원들이 아이디어를 자유롭게 제안하고 협업할 수 있는 공간과 소통 구조를 마련해야 한다. 예를 들어, 오픈 스페이스 도입이나 내부 소통 채널 개선을 통해 아이디어 교류의 장을 넓히는 것도 효과적인 방법이다.

혁신적인 조직문화를 가진 기업은 단기적인 성과에만 그치지 않고, 시장 변화에 유연하게 대응하며 장기적인 성장 기반을 다질 수 있다. 특히 창업자의 혁신 의지가 조직 전반으로 확산되면, 후계자가 직접적인 혁신의 주체가 아니더라도 조직 자체가 혁신을 지속적으로 추진할 수 있는 역량을 갖추게 된다. 이는 기업의 세대교체 이후에도 지속 가능한 경영을 가능하게 하는 핵심 조건이 된다.

창업자의 리더십은 기업의 초기 성장을 이끄는 원동력이지만, 그 이후의 혁신은 조직문화가 이어가야 한다. 혁신적인 조직문화는 위기 대응의 수단이 아니라, 기업의 장기적 생존과 경쟁력을 위한 필수 조건이다. 창업자가 남긴 혁신의 가치를 조직 전반에 뿌리내릴 때, 기업은 세대교체 이후에도 지속 가능한 성장을 이어갈 수 있다.

04

사양산업을 혁신 기업으로
바꾼 사례

       삼진어묵은 1953년 부산에서 창업주 박재덕이 설립한 기업이다. 한국전쟁 직후 피난민들에게 저렴하면서도 영양가 있는 음식을 제공하는 데서 출발했으나, 세월이 흐르며 부산을 대표하는 어묵 브랜드로 성장했다. 그러나 산업의 변화와 함께 '사양산업'이라는 인식이 확산되며, 3대에 이르러 회사는 생존의 기로에 서게 되었다.

    박용준 대표가 경영에 합류한 2011년, 삼진어묵의 매출은 20억 원에 불과했고, 주 고객은 전통시장의 반찬가게나 포장마차였다. 그는 "지금의 방식으로는 회사가 살아남을 수 없다."고 판단했다.

    박 대표가 내린 결론은 단순했다. '제품이 아니라, 경험을 바꿔야 한다.' 그는 어묵을 단순한 식품이 아니라 고객이 즐기는 경험의 상품으로 재정의하기로 했다.

어묵 베이커리, 혁신의 시작

박 대표의 첫 번째 전략은 삼진어묵의 이미지를 완전히 탈바꿈시키는 것이었다. 그는 매장을 단순한 어묵 판매점에서 벗어나 '어묵 베이커리'라는 독창적인 콘셉트로 탈바꿈시켰다. 매장 디자인은 고급스러운 베이커리 느낌을 살렸고, 다양한 종류의 어묵 제품을 매장에서 바로 맛볼 수 있게 했다. 기존 10여 종에 불과했던 제품은 60종 이상으로 늘어났고, 고객은 어묵을 단순한 반찬이 아닌 간식·고급 음식으로 받아들이기 시작했다. 매장뿐만 아니라 생산 공장에도 혁신을 도입했다. 그는 공장을 제약 공장 수준으로 청결하게 관리하며 어묵에 대한 소비자들의 부정적인 인식을 개선하고자 했다. 이러한 노력은 삼진어묵의 브랜드 가치를 한층 높였으며, 고객들이 매장에 구름처럼 몰려드는 계기가 되었다. 이러한 변화는 단순히 이미지에 국한된 것이 아니었다. 박 대표는 이와 동시에 어묵의 품질을 획기적으로 개선하며, 삼진어묵의 제품이 건강하고 믿을 수 있는 음식이라는 신뢰를 구축해 나갔다.

새로운 시장과 해외 진출

어묵 베이커리의 성공은 삼진어묵이 B2B 중심의 기업에서 B2C로 전환하는 결정적 전환점이 되었다. 매장을 찾는 고객이 급증하면서 브랜드 인지도는 빠르게 높아졌고, 어묵은 더 이상 전통시장의 저가 식품이 아닌,

'새로운 식문화의 아이콘'으로 자리 잡기 시작했다. 국내 시장에서 새로운 가능성을 확인한 그는, 성장의 다음 무대를 세계로 확장했다. 박 대표는 어묵을 단순한 지역 먹거리에서 '글로벌 수산단백질 가공식품'으로 재정의하며 해외 시장을 공략했다. 동남아에서는 어묵을 저렴한 단백질 공급원으로, 유럽과 미국에서는 고급 수산가공식품으로 포지셔닝하며 각 시장의 특성에 맞는 전략을 펼쳤다.

박용준 대표가 꿈꾸는 삼진어묵의 미래는 단순히 어묵 제조를 넘어선다. 그는 "어묵을 넘어 수산 단백질 가공식품의 글로벌 리더"를 비전으로 제시하고, 이를 위해 '비욘드 어묵(Beyond Fish Cake)'이라는 목표를 내세웠다. 이를 위해 프리미엄 제품군과 새로운 브랜드를 개발했으며, 선 세계 식품 박람회에 참가하며 글로벌 시장에서의 입지를 다졌다. 이러한 노력은 삼진어묵이 단순히 한국을 대표하는 어묵 브랜드를 넘어 세계적인 수산가공식품 기업으로 성장하는 기반이 되었다. 이 비전은 매출 성장에 그치지 않고, 삼진어묵을 지속 가능한 글로벌 브랜드로 발전시키는 데 초점을 맞춘 것이다.

도전과 성장, 그리고 조직 문화의 혁신

삼진어묵의 혁신은 제품 변화로 끝나지 않았다. 진정한 변화는 조직문화의 전환에서 완성되었다. 박용준 대표는 현장 개선과 소통을 통해 구성원 스스로 변화를 만들어가는 문화를 정착시켰다. 그러나 혁신의 과정은 결코 순탄하지 않았다. 박용준 대표는 관행을 깨야 하는 내부적 도전과 변화에 반발하는 기존 직원들의 저항에 직면해야 했다. 그는 공장 현장에서 직접 뛰며 작은 문제부터 해결하기 시작했다. 작업 환경을 개선하고, 직원들의 신뢰를 얻기 위해 끊임없이 소통하며 혁신의 필요성을 설득했다. 공장 작업대를 높낮이 조절이 가능한 모션데스크로 교체해 작업자의 피로도를 줄이는 등의 노력으로 그는 점차 현장의 신뢰를 얻어나갔다.

삼진어묵의 혁신 과정에서 가장 주목할 만한 변화는 어메이징 스튜디오의 설립이었다. 이는 단순한 부서 개편을 넘어 삼진어묵의 조직 문화를 새롭게 정의하는 중대한 전환점이 되었다. 어메이징 스튜디오는 기존과 새로운 부서를 통합한 혁신 조직으로, 직원들이 단기 성과에 매이지 않고 주도적으로 나설 수 있는 환경을 만들었다. 이 구조는 유연한 업무 방식을 가능하게 하고, 새로운 찬스와 아이디어가 나올 때마다 이를 기반으로 프로젝트를 실행할 수 있는 창의적이고 자율적인 문화를 형성했다.

박 대표는 이 조직을 삼진어묵의 핵심 전략으로 보고, 조직의 창의성을 극대화하기 위해 지속적으로 지원했다. 직원들은 새로운 시장과 고객 경험에 맞춘 혁신을 설계하고 실행하는 주체로 자리 잡았다. 이러한 조직 혁신은 삼진어묵의 도전과 성장을 뒷받침하는 중요한 동력이 되었으며, 100년 기업을 향한 비전을 실현하는 데 필수적인 기반이 되고 있다.

변화와 혁신, 승계를 재도약의 기회로

승계는 단순한 경영권의 이전이 아니라, 기업이 새로운 성장의 궤도로 나아가기 위한 전환의 순간이며 새로운 성장 사이클을 여는 재창조의 과정이다. 삼진어묵의 사례는 이를 잘 보여준다. 사양산업으로 여겨지던 어묵 산업을 혁신하고, 새로운 시장과 고객 경험을 창출하며 기업의 체질을 완전히 바꾼 과정은 **재창업에 가까운 도전**이었다.

박용준 대표는 관행에 머물지 않고, 조직이 스스로 혁신을 만들어가는 문화를 구축했다. 그는 직원들이 단순한 실행자가 아닌 변화의 주체로 성장할 수 있도록 신뢰와 자율의 기반을 마련했고, 이러한 노력이 삼진어묵을 과거의 틀에서 벗어나 지속 가능한 성장 동력을 갖춘 기업으로 재탄생시켰다.

이 사례는 **기업이 변화와 혁신을 두려워하지 않을 때, 승계가 쇠퇴가 아닌 도약의 출발점**이 될 수 있음을 보여준다. 급변하는 시장 환경에서 품질만으로는 경쟁력을 유지할 수 없으며, 결국 승계의 성패는 후계자가 기업가 정신을 바탕으로 조직과 구성원을 미래로 이끌어갈 수 있는가에 달려 있다.

2장에서 다룬 사례들은 모두 같은 교훈을 전한다. 성공적인 승계는 과거의 유산을 존중하면서도 시대의 변화에 맞춰 새로운 길을 여는 데 있다. 승계는 과거와 미래를 잇는 가교이자, 기업이 새로운 라이프사이클을 시작하는 출발점이다. 삼진어묵의 사례처럼, 후계자가 변화와 혁신의 주체로서 중심에 설 때, 승계는 단절이 아니라 진화로 이어지고, 기업은 100년을 넘어 더 긴 역사를 써 내려갈 수 있다.

Part 2

세대교체 :
경영권 승계,
전략적으로
준비하라

**승계는 단순히 자리를 넘기는 일이 아니라
리더십을 선환하는 가장 중요한 경영 전략이다.**

후계자는 길러져야 하며, 창업자는 준비된 물러남으로 승계의 완결을 도와야
한다. 이 파트에서는 후계자 육성과 은퇴계획이라는 두 죽을 중심으로, 승계의
핵심 전략을 제시한디. 또한 성공적인 세디교체를 위한 실천적 기준과 방향을
제안한다.

Chapter 03

후계육성 :
승계의 성패는
후계자에
달렸다

01

세대 간의 신뢰가
성공의 출발점이다

중소기업 창업자인 강 사장은 80세로, 한 경영자 모임에서 자신의 가업승계 실패 사례를 공개했다. 쉽지 않은 결정이었지만 그는 자신의 경험이 다른 경영자들에게 교훈이 되길 바라는 마음에서 용기를 냈다고 했다.

강 사장은 1980년 해외 기업의 윤활유 대리점을 시작으로 창업했고, 윤활유 국산화에 성공하며 지금은 글로벌 강소기업으로 성장했다. 그러나 그는 평생을 사업에만 매달리며 가족과 소통할 기회를 놓쳤다. 자녀들이 중학교 때부터 해외 유학을 가서 방학 때 귀국했을 때에도, 강 사장은 바쁜 일정 탓에 자녀들과 충분히 대화할 시간을 갖지 못했다. 그는 70세가 되어서야 해외에서 일하던 아들을 후계자로 불러들였다. 아들은 수년간 업무를 익히며 경영을 배웠지만, 강 사장은 회사 일과 관련된 대화만 나눴을 뿐 아들의 성격·관심사·가치관은 거의 알지 못했다.

문제는 아들이 부사장으로 임명된 후 본격적으로 발생했다. 아들은 인사와 경영 전반을 자신에게 맡겨달라 요청했다. 강 사장은 흔쾌히 이를 수락하고 주 2~3회 회사에 출근해 중요한 업무를 챙겼다. 이후 아들은 조직을 자신의 방식으로 개혁하기 시작했다. 오랫동안 회사와 함께해 온 임원들을 내보내고, 자신의 지인들로 임원진을 구성했다. 그리고 오래지 않아 강 사장에게 이제는 일손을 놓으시고 편히 쉬시라며 은퇴를 요구했다. 강 사장이 당장은 은퇴할 생각이 없다며 거부하자 갈등은 악화되었고, 급기야 아들은 아버지의 법인카드를 정지시키기까지 했다. 강 사장은 45%의 지분을 가지고 있었기에, 10%의 지분을 가지고 있던 딸의 도움을 받아 이사회를 소집하고 아들을 해임했다. 아들은 이에 분노하며 자신의 지분 40%를 외부에 헐값으로 매각하고 회사를 떠났다. 강 사장은 80세에 다시 경영에 복귀해 조직을 정비하고 있으나, 후계자가 없어 회사의 미래는 불투명한 상태이다.

강 사장은 바쁜 일정으로 자녀들과의 대화 시간을 잃었던 것을 후회했다. "그때는 회사가 전부였습니다. 아이들이 어떤 성격인지, 무엇을 원하는지, 관심사는 무엇인지 그런 대화를 해본 적이 한번도 없었죠. 아들이 회사에 들어와서 함께 일하고 나서야 그에 대해 조금씩 알게 되었죠." 강 사장은 자녀들과의 소통 부족과 비전 공유의 부재를 가장 큰 실수로 꼽았다.

부모와 자녀 간에 신뢰가 없다면 승계 과정은 불안정할 수밖에 없다.

이러한 어려움은 경영자뿐 아니라 후계자들도 겪는다. 한 후계자는 "후계자의 90%가 아버지와의 갈등으로 어려움을 겪고 있다."고 말했다. 갈등을 해결하고 신뢰를 쌓는 일은 결코 쉽지 않지만, 성공적인 승계를 위해 반드시 거쳐야 하는 과정이다.

이를 위해서는 부모와 자녀가 비전과 역할에 대해 충분히 소통하고, 권한을 단계적으로 이양하는 것이 필요하다. 부모세대는 점차 권력에서 물러나야 하며, 자녀 세대는 책임을 감당할 준비를 해야 한다.

연구에 따르면 세대간 신뢰도가 높을수록 승계 이후 기업의 성과도 우수하다.[1] 반대로 신뢰가 부족하거나 의견 충돌이 지속될 경우, 강 사장의 사례처럼 후계자가 회사를 떠나는 극단적 상황으로 이어질 수 있다.

결국 성공적인 승계를 위해서는 **세대 간 갈등을 줄이고 협력적 관계를 구축하는 것**이 필수적이다.

부모 세대와 자녀 세대의 관계 유형

"승계를 준비할 때, 가장 바람직한 세대 간 관계는 무엇일까요?"
강의에서 [그림 3-1]의 세대간 관계 유형 도표를 보여주면, 경영자와 후계자 모두 4번을 선택한다. 필자의 생각도 이와 같다.

승계 과정에서 부모와 자녀 간의 관계는 승계의 성공 여부를 결정짓는 핵심 요인이다.[2] [그림 3-1]은 부모세대와 자녀 세대의 관계를 네 가지 유형으로 구분해, 각 관계가 기업의 미래에 어떤 영향을 미치는지를 시각적으로 보여준다.

그림 3-1 부모 세대와 자녀 세대의 관계

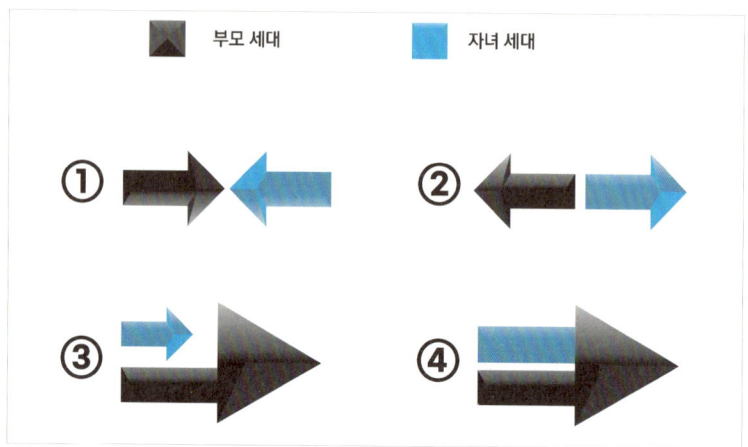

① 의견 충돌 관계: 부모와 자녀 간의 잦은 갈등과 비난이 지속되는 경우로, 서로의 경영 방식을 수용하지 못해 후계자가 회사를 떠나는 결과를 초래할 수 있다.

② 갈등 회피 관계: 세대 간 충돌을 피하려고 서로를 외면하는 경우다. ①번 관계가 반복되면 이런 형태로 변하기 쉽다. 이 경우 자녀는 회사에 대한 열정을 잃고, 부모는 자녀를 후계자로 세우기엔 부족하다고 느낀다. 한 후계자는 "아버지와 더 이상 부딪히고 싶지 않아 회사 일에서 거리를 두고 다른 커리어를 모색하고 있다."고 말했다.

③ 권한 미부여 관계: 후계자에게 충분한 권한이 주어지지 않아 자율적 성장이 막히는 경우다. ①이나 ②의 상황이 반복되면, 자녀가 "시키는 일만 하겠다."는 소극적 태도로 변해 자신감과 열정을 잃는다. 실제로 한 후계자는 10년간 후계자 수업을 받았지만, 권한 없는 역할에 지쳐 회사를 떠났다. 그의 아버지는 그가 돌아오기를 바라지만, 그는 회사로 돌아갈 생각이 전혀 없다며 친구들과 새로운 사업을 준비 중이라고 했다.

④ **소통과 협력 관계:** 부모와 자녀 간의 신뢰와 소통이 원활해 시너지를 내는 이상적인 관계다. 세대 간 비전과 철학을 공유하며, 후계자가 독립적으로 경영할 수 있도록 지원할 때 형성된다. 한 후계자는 사장이 된 뒤 경영 전반을 위임받았지만, 아버지에게 "몇 해만 더 곁에서 조언을 해달라."고 요청했다. 그러자 아버지는 자신의 사무실을 외부로 옮기며 "이제는 네가 책임지고 운영하라. 다만 어려운 일이 있을 때만 상의하라."고 말했다. 그 믿음 덕분에 후계자는 책임감을 가지고 회사 성장에 전념해, 몇 년 만에 성과를 이뤄냈다.

경영자는 승계를 단순히 경영권의 이전이 아닌, 세대 간 신뢰와 협력을 구축하는 과정으로 인식해야 한다. 성공적인 승계는 세대 간 협력을 통해 기업의 지속 가능성과 가족의 화합을 동시에 실현하는 유일한 길이다. 나는 후계자와 어떤 관계를 맺고 있는가?

세대간 신뢰 관계를 맺는 법

승계 과정에서 가장 중요한 것 중 하나는 부모와 자녀 간 사회적 자본을 축적하는 것이다. 사회적 자본이란 사람들이 **신뢰를 바탕으로 협력하며 공동의 목표를 달성할 수 있는 능력**을 말한다.[3] 이것은 눈에 보이지 않지만, 모든 조직과 공동체의 성과를 좌우하는 가장 중요한 자본이다. 다음은 세대간의 사회적 자본을 축적하기 위한 실질적인 방법들이다.

첫째, 어린시절부터 신뢰를 형성하라. 부모가 자녀와 함께 시간을 보내고 경험을 공유하면 신뢰의 기초가 다져진다. 한 경영자는 방학 때마다 자녀를 해외 출장에 동행시키며 사업의 어려움과 보람을 공유했다. 이러한 작은 노력이 쌓여 승계 과정에서도 부모와 정직한 대화를 나눌 수 있는 기반이 되었다.

둘째, 가치와 비전을 공유하라. 부모는 자녀와 기업의 미래 비전을 논의하고, 경영철학과 가치를 공유해야 한다. 이를 통해 자녀는 부모의 철학을 이해하고, 경영 방향에 대한 신뢰를 키울 수 있다.

셋째, 정기적이고 정직한 대화를 하라. 부모 세대는 자녀들이 어떤 주제든 자유롭게 이야기할 수 있는 분위기를 만들어야 한다. 정기적인 소통을 통해서만이 자녀의 생각과 관심사를 이해하고, 이를 통해 신뢰를 형성할 수 있다.

넷째, 장기적 관점에서 관계를 구축하라. 신뢰는 단기간에 형성되지 않는다. 부모는 자녀의 성장을 기다리며 의견을 존중하는 태도를 가져야 한다.

신뢰와 협력은 승계 과정의 필수 요소다. 신뢰 관계를 구축하는 과정은 단순히 개인 간의 감정을 넘어서, 조직 내 소통과 협력 문화를 정착시키는 데까지 확장되어야 한다. 부모와 자녀 간 신뢰가 강할수록 후계자는 기업의 비전을 실현하며 경영자로서의 책임감을 다할 수 있다.

따라서 **승계 과정에서 신뢰를 쌓는 노력은 단순한 세대 간 화합을 넘어 조직 전체의 안정성과 장기적 성과를 강화한다.** 신뢰 기반의 협력은 가족기업이 변화와 도전에 유연하게 대응하며 지속 가능한 성장을 이끌어내는 가장 중요한 자산이다.

후계자 육성은 단계별로 설계하라

가족기업 전문가 랜스버그 박사는 승계에 대해 "단순히 횃불을 넘기는 일이 아니라, 오랜 시간에 걸쳐 이루어지는 과정"이라고 말한다.[4] 이는 경영자가 평생 쌓아온 경험과 리더십을 후계자에게 단계적으로 이전하는 긴 여정을 의미한다. 이 과정에서 경영자와 후계자가 각자의 역할을 명확히 이해하고, 기업의 현실에 맞는 후계자 육성 로드맵을 마련한다면 승계 과정에서 발생할 수 있는 혼란을 줄일 수 있다. 또한, 후계자에게 책임감 있는 리더로 성장할 기회를 제공하며 기업의 상기적 안정과 성장 기반을 강화할 수 있다.

이러한 관점을 바탕으로 승계 프로세스는 5단계로 구분되며, 각 단계마다 후계자의 성장 수준과 기업 상황에 맞는 목표를 설정해야 한다.[5] 이렇게 단계별 로드맵을 통해 후계자는 책임감 있는 리더로 성장할 뿐 아니라, 세대 간 협력을 통해 기업이 시대 변화에 유연하게 대응하고, 새로운 성장 동력을 확보할 수 있다.

1단계: 조기 참여와 정서적 연결

많은 경영자들이 자녀들이 어리거나 학업 중이라는 이유로 승계를 먼미래의 일로 여기는데, 성공적인 승계를 위해서는 후계자 육성이 빠를수록 좋다. 예컨대, 어린 시절부터 회사 이야기를 듣거나 방학 동안 기업에서 일하는 경험은, 자녀들이 자연스럽게 기업에 대한 흥미와 이해를 키우는 데 큰 도움이 된다.

한 후계자는 어린 시절 아버지와 공사장을 다니며 집을 짓는 과정을 지켜본 경험이 가족기업에 대한 애착을 형성하고, 이후 기업에 참여하겠다는 결심으로 이어졌다고 회상했다. 이러한 경험은 단순히 기업 운영을 배우는 것을 넘어, 가족기업을 자신과 가족의 중요한 일부로 받아들이게 하며 책임감과 자부심을 키운다.

경영자는 자녀가 기업에 관심을 가질 수 있도록 유도하되, 자율성을 존중해야 한다. 자녀가 스스로의 길을 선택할 수 있도록 허용하고 기업 참여를 강요하지 않아야 한다. 특히, 자녀의 열망을 경청하며 열린 대화를 나누는 것이 중요하다. 또한, 대학생이 된 자녀에게는 산업 및 기업과 관련된 전반적인 지식을 쌓도록 독려하고, 인턴십 프로그램 등을 통해 기업을 경험할 기회를 제공하는 것도 효과적이다.

기업 활동에 대한 조기 경험과 가족 간의 정서적 연결은 가업승계의 출발점이다. 이러한 경험을 통해 자녀는 가족기업의 가치를 이해하고, 스스로 미래를 책임질 준비를 하게 된다. 무엇보다 이런 경험은 자녀가 '가업을 잇는 일'을 자신의 선택으로 받아들이고, **자발적인 승계 의지를 형성**하도록 만드는 결정적 토대가 된다.

2단계: 후계자 훈련 및 리더십 개발

자녀가 대학을 졸업하고 사회생활을 시작하는 시점은 본격적인 후계자 육성의 시작 단계다. 이 시기는 후계자가 기업 내외에서 실질적인 경험을 쌓고 리더십 역량을 개발하며 조직 내 신뢰를 구축하는 중요한 시점이다. 특히 외부 기업에서 근무하는 경험은 후계자에게 새로운 비즈니스 지식과 기술을 습득할 기회를 제공하고, 다양한 조직 문화를 이해하며 더 넓은 시야를 가지게 한다.[6] **최소 3년에서 5년간 외부 경력**을 쌓으며 한 번 이상의 승진을 경험하는 것이 이상적이다. 이러한 과정은 후계자가 문제 해결 능력과 리더십을 실질적으로 강화하는 데 기여한다.

후계자가 외부 경험 없이 가족기업에 바로 합류하는 경우에는 반드시 기본적인 실무 업무부터 시작해야 한다. 이는 기업의 구조와 문화, 우선순위를 이해하며 직원들로부터 신뢰를 얻는 데 필수적이다. 반면, 실질적인 경험 없이 빠르게 승진하거나 리더십을 행사하려 한다면 조직 내 갈등과 반발을 초래할 수 있다. 이는 후계자가 신뢰받는 리더로 자리 잡는 데 장애물이 된다.

후계자가 회사에 들어온 후에는 **구체적이고 체계적인 훈련 및 리더십 개발 로드맵**이 필요하다. 이 로드맵은 현 시점부터 경영자의 은퇴 시점까지의 일정과 목표를 연도별로 계획함으로써, 후계자가 자신의 해야 할 역할과 필요한 역량을 명확히 이해하고 스스로 개발할 수 있도록 돕는다. 로드맵은 후계자와 함께 논의하여 설계되며, 이를 통해 후계자는 자신의 성장 과정과 경영자로서의 책임을 예측 가능하게 준비할 수 있다.

로드맵에는 다음과 같은 요소를 반영해야 한다.

- **경험:** 부서별 순환근무를 통해 성장 단계에 맞는 책임과 권한을 부여하며, 경영의 전반을 이해할 수 있도록 지원한다.
- **위임:** 후계자의 성장 단계에 따라 책임과 권한을 점진적으로 확대하며, 실질적인 의사결정과 리더십을 발휘할 기회를 제공한다.
- **교육:** 업계 동향, 비즈니스 프로세스, 전략기획 등 기업의 내·외부에서의 학습 기회를 제공한다.

또한 멘토링과 네트워킹은 후계자의 리더십 개발에서 핵심적인 역할을 한다. 멘토링으로 가족 리더나 선배 경영자와의 정기적인 1:1 미팅을 통해 실질적인 조언과 피드백을 받을 수 있다. 멘토링 과정에서는 후계자가 경영 상황을 관찰하고 질문하며 실질적인 피드백을 받는 경험 기반 학습이 핵심이다. 예를 들어, 분기별로 후계자가 직면한 문제를 논의하고, 멘토가 과거의 경험을 바탕으로 해결책을 제안한다.

네트워킹으로는 후계자가 지역 상공회의소나 후계자 교육과정 등에 참석해 다른 후계자들과 경험을 공유하고, 다양한 관점을 배울 수 있다. 특히 서로의 경험을 공유하고 유대감을 쌓는 것은 후계자의 성장에 큰 도움이 된다.

멘토링과 네트워킹을 결합한 체계적인 접근은 후계자가 단순히 경영 능력을 갖추는 것을 넘어, 미래 성장을 주도하는 책임감 있는 리더로 자리 잡게 한다.

3단계: 경영자와 후계자의 상호협력

후계자가 실무를 익히고 30대 중후반에서 40대 초반에 이르면 이사, 상무 등의 직급으로 이사회의 일원이 되어 경영자와 공동으로 회사 운영에 참여하는 단계에 접어든다. 이 시기의 후계자는 이미 회사의 내부 사정을 잘 알고 있으므로 경영자는 후계자가 리더십을 더욱 강화할 수 있도록 적극적으로 지원해야 한다.

후계자가 자율적으로 의사결정을 내릴 수 있도록 한발 물러서면서도, 실수나 실패를 성장 과정의 일부로 받아들여 자신감을 키울 수 있는 환경을 조성하는 것이 중요하니. 한 창업자는 "사람은 자신의 능력보다 큰 일에 도전할 때 성장한다."는 신념으로 후계자가 크고 작은 의사결정을 직접 경험하며 문제를 해결하도록 했다. 이 과정을 통해 후계자는 독립적인 리더로 성장했고, 승계 이후 회사의 도약을 이끌었다.

경영자는 후계자의 리더십 개발 과정에서는 감독의 역할을 하지만, 후계자가 독립적으로 기업을 운영할 준비가 되었을 때 파트너로서의 관계로 전환해야 한다. 이 단계에서 경영자와 후계자가 상호협력하며 의견을 교환하고, 경영자가 후계자의 능력을 인정하고 의견을 수용할 때 리더십 이전이 자연스럽게 이루어진다.

만약 자녀가 둘 이상 회사에서 근무하는 경우, 후계자 선정의 기준을 마련하는 것이 필수적이다. 후계자 선정과 육성은 기업의 미래를 좌우하는 핵심 과정으로, 여러 자녀가 경영권을 두고 경쟁하거나 가족 구성원 간 갈등이 발생하지 않도록 공정하고 명확한 기준을 세워야 한다.

후계자 선정은 혈연이나 성별이 아니라 **능력과 자질 중심의 원칙에 기반**해야 한다. 역량 있는 후계자는 내부 직원과 외부 이해관계자의 신뢰를 얻어 기업의 안정성을 높인다. 반대로 자격 없는 자녀가 경영권을 쥔다면, 이는 곧 갈등과 불안을 불러와 기업의 미래를 위협할 수 있다.

후계자가 한 명일지라도 후계자의 역량과 자질을 평가할 수 있는 기준을 마련해 객관적이고 체계적인 평가를 통해 후계자 개발을 지원하는 것이 필수적이다. [표 3-1]은 후계자의 적합성을 판단하는 데 도움을 주는 10개의 핵심 질문으로 구성되어 있다. 이 질문들은 기업 경영에 필요한 주요 역량을 반영하며, 각 항목에 대해 "예" 또는 "아니오"로 답변함으로써 후계자의 강점과 개선이 필요한 영역을 명확히 파악할 수 있다.

표 3-1 후계자의 역량 및 자질평가 질문

번호	핵심 키워드	질문	예/아니오
1	사업능력	핵심사업과 시장환경을 분석해 사업 의사결정을 내릴 수 있는가?	
2	리더십	회사를 이끌고 구성원의 잠재력을 발휘하게 할 수 있는가?	
3	기업가 정신	새로운 기회를 발굴하고 기업 성장을 이끌 수 있는가?	
4	문제 해결	어려운 상황에서 효과적인 해결책을 제시할 수 있는가?	
5	소통과 협력	구성원들과 소통하며 협력적인 조직 문화를 조성할 수 있는가?	
6	창의성과 실행력	변화에 대응하며 혁신적 아이디어를 실행할 수 있는가?	
7	대인관계와 신뢰	외부 이해관계자와 신뢰를 구축하고 협력을 이끌어 낼 수 있는가?	
8	헌신	회사의 성장과 발전에 헌신할 의지가 있는가?	
9	성실성	책임감을 갖고 업무 목표를 꾸준히 달성할 수 있는가?	
10	진취성	새로운 기회를 실행으로 옮기는 추진력을 갖추었는가?	

질문을 통해 후계자의 강점과 약점을 분석하고, '아니오'로 답한 부분은 체계적인 교육과 훈련을 통해 보완해 나가야 한다. 후계자 선정은 단순한 가족 간 승계 문제가 아니라, 기업의 지속 가능성과 경쟁력을 유지하기 위한 전략적 선택이다.

4단계: 리더십의 섬진석 이선

가족기업 전문가들은 가업승계를 릴레이 경주에 비유한다. 아무리 뛰어난 선수라도 바통을 제대로 수고받지 못하면 경수에서 이길 수 없다. 기업 승계에서도 경영자와 후계자 간에 바통을 넘기는 기술이 중요하다. 후계자가 리더로서 역량을 갖추면, 경영자의 권한과 책임을 점진적으로 넘겨주는 것이 필요하다. 이 단계는 승계 과정의 핵심이며, 앞선 단계가 순조로워도 여기서 실패하는 경우가 적지 않다.

이 시기가 되면 후계자는 사장 또는 부사장 직함을 가지게 되며, 경영자와 후계자의 역할이 명확히 구분되지 않는 상황이 자주 발생한다. 이 단계에서 흔히 나타나는 문제는 경영자가 권한을 내려놓지 않는 것이다. 경영자는 여전히 자신이 없어서는 안 된다고 생각하거나, 후계자의 미숙함에 불안을 느낀다. 반면 후계자는 독자 경영을 위해 권한 이양이 지연되면 조급해진다. 결국 이 긴장감이 세대 간 충돌을 불러온다. 이런 일이 발생하면 직원들에게 혼란을 주고 기업 운영에도 부정적인 영향을 미친다.

이 단계에서 최적의 승계 전략은 후계자의 능력과 권한이 확대됨에 따라 경영자가 점차적으로 통제권을 줄이는 것이다. 즉, 경영자가 권한을 줄이면서 후계자에게 권한과 책임을 점진적으로 이전해야 한다. 이때 경영자들은 후계자의 능력만큼이나 이해관계자들의 안정을 중요하게 생각한다. 따라서 후계자는 가족이나 임직원, 거래처 등의 이해관계자들로부터 신뢰와 지지를 확보하려는 노력을 기울여야 한다.

5단계: 경영권의 이전

가족기업의 승계는 단순한 경영권 이전이 아니라, 창업자의 역할이 변화하는 전환의 과정이다. 일반기업에서는 승계가 짧은 기간 내에 이루어지고 이전 경영자가 완전히 물러나는 경우가 많지만, 가족기업에서는 은퇴 후에도 창업자가 출근하거나 경영에 관여하는 일이 흔하다. 문제는 이때 역할 전환이 제대로 이루어지지 않으면, 후계자의 리더십이 흔들리고 조직 내 혼란이 생긴다는 점이다.

경영권을 넘긴 뒤에는 창업자가 물리적 거리를 두되, 정신적 리더십은 유지해야 한다. 회사의 상징적 존재로서 기업의 철학과 전통을 이어가되, 실질적 의사결정은 후계자에게 일임하는 것이 바람직하다. 경영자는 조언자의 위치로 물러서되, 후계자가 요청하지 않는 한 개입을 자제해야 한다. 요청 없는 조언은 경험의 전달이 아니라 간섭으로 받아들여질 수 있기 때문이다. 후계자가 경영자로서 자립할 준비가 되었을 때, 창업자는 망설임 없이 바통을 넘겨야 한다. 이것이 바로 '위대한 CEO의 마지막 시험'이라고 피터 드러커는 말했다 [7]

창업자는 이제 '경영자'가 아니라 가문의 원로이자 정신적 후견인으로서 새로운 역할을 시작해야 한다. 이러한 전환은 단순히 경영권의 이전이 아니라, 세대 간 신뢰를 완성하고 기업의 미래 세대를 준비시키는 마지막 리더십의 표현이다.

후계자 육성은 단순한 지식 전달이나 직무 훈련이 아니다. 이는 장기적 안목 속에서 경영 역량과 리더십 자질을 기르는 **마라톤**이다. 각 단계에서의 준비와 점진적 권한 이양이 뒷받침될 때, 후계자는 신뢰받는 리더로 성장한다. 성공적 승계를 위해서는 경영자의 신뢰와 위임, 후계자의 책임과 도전이 반드시 함께해야 한다.

창업자 의존 리스크를 줄이는
시스템을 마련하라

30여 년 전, 장 사장은 전 재산을 투자해 작은 식품 가공·유통 회사를 세웠다. 그는 매일 새벽 5시에 가장 먼저 공장 문을 열고, 모든 직원이 퇴근한 뒤에도 홀로 불을 끄며 하루를 마쳤다. 고객과의 약속을 지키기 위해 밤을 새워 제품의 품질을 직접 확인했고, 그의 철저한 노력과 성실함 덕분에 회사는 빠르게 성장했다.

그러나 회사가 성장한 뒤에도 장 사장은 자재 구입부터 포장지 디자인까지 모든 결정을 직접 내렸다. 저음에는 그의 꼼꼼함이 회사의 깅짐이있지만, 시간이 지나면서 의사결정이 늦어지고 창의적 시도가 줄어들었다. 예를 들어, 디자인팀이 새로운 제품 콘셉트를 제안하면 그는 "좋긴 한데, 조금 더 수정이 필요해."라며 여러 차례 수정을 요구했고, 결국 결과물은

늘 그의 기존 스타일로 돌아갔다. 직원들은 점차 '창의성보다 안전한 선택'을 택하게 되었고, 회사의 혁신 문화는 서서히 사라졌다.

그는 종종 "왜 직원들이 책임감 있게 일하지 않느냐"고 불평했지만, 문제의 원인은 직원이 아니라 자신에게 있었다. 모든 권한을 스스로 쥐고 있었기 때문에, 직원들은 결정을 내리고 결과를 책임지는 경험을 할 기회가 없었다. 결국 그들은 점점 주인의식을 잃고, '지시를 기다리는 조직'으로 변해갔다.

이 문제는 후계자 양성에도 악영향을 미쳤다. 큰아들이 부사장으로 재직했지만, 주요 의사결정은 여전히 장 사장의 손에서 이루어졌다. 아들은 경영에 참여할 기회를 거의 얻지 못했고, 시간이 지날수록 자신감과 리더로서의 존재감을 잃어갔다. 직원들 또한 "결국 최종 결정은 장 사장이 내린다."는 인식을 갖게 되었고, 조직은 점점 창업자 중심의 구조로 굳어졌다.

그러던 중 장 사장의 건강이 악화되자, 후계자는 "아버지 없이 회사를 이끌 수 있을까?"라는 두려움을 드러냈다. 스스로 판단하고 결단할 기회를 잃은 그는, 경영자로 성장할 기반을 충분히 갖추지 못했던 것이다.

이처럼 창업자의 과도한 통제는 조직의 자율성과 후계자의 성장을 동시에 억누르며, 결국 '창업자 함정(Founder's Trap)'으로 이어진다. 장 사장의 사례는 많은 창업자들이 겪는 공통된 문제를 보여준다. 창업 초기의 헌신과 통제는 성장의 동력이지만, 기업이 커질수록 그것이 오히려 리스크로 전환된다.

창업자는 통제의 습관을 내려놓고, **조직이 자율적으로 운영될 수 있는 시스템**을 마련해야 한다. 무엇보다 자신이 물러난 뒤에도 기업이 흔들리지 않도록 장기 비전과 구조적 기반을 구축해야 한다.

창업자의 열정이 위험이 될 때

기업의 성공은 창업자의 열정과 헌신에서 시작된다. 창업 초기에는 강력한 리더십과 신속한 의사결정이 사업의 성패를 좌우한다. 그러나 기업이 성장하고 조직이 복잡해질수록, 창업자의 통제 중심 리더십은 더 이상 장점이 아니라 리스크로 변한다.

'창업자 함정'은 바로 이 지점에서 시작된다. 자신의 방식만이 옳다고 믿는 확신은 모든 결정을 독점하게 만들고, 그 결과 조직의 자율성과 창의성이 사라진다. 이 경우 직원의 성장, 혁신, 후계자 육성까지 모두 멈춰버린다. 이러한 문제를 극복하려면 창업자는 자신이 아닌 시스템이 회사를 움직이도록 만들어야 한다. 다시 말해, **'직관적 통제'**에서 **'구조적 운영'**으로의 전환이 필요하다. 이를 위해 다음 세 가지 방향이 필요하다.

1) **경영 시스템의 구축**: 경영자 개인 역량에 의존하던 조직을 프로세스 중심 구조로 전환해야 한다. 명확한 규칙과 절차를 통해 회사가 창업자 부재 상황에서도 안정적으로 운영되도록 해야 한다. 시스템은 의사결정, 성과평가, 리더십 개발 등 전 영역에 걸쳐 조직의 효율성과 일관성을 높인다.

2) **의사결정 권한의 분산**: 경영자는 핵심 전략과 비전 수립에 집중하고, 일상적 운

영은 각 부서의 리더들에게 맡겨야 한다. 권한 위임은 단순한 업무 분담이 아니라, 구성원들이 책임과 자율성을 동시에 체득하는 과정이다. 이를 통해 조직은 창의적 문제 해결 능력을 키우고, 리더십이 자연스럽게 확산된다.

3) **후계자 육성 체계 마련**: 후계자가 실질적 경영 경험을 쌓을 수 있도록 중요한 의사결정 과정에 참여시키고, 점진적으로 책임을 확대해야 한다. 후계자는 이를 통해 조직 내 신뢰를 구축하고, 자신만의 리더십 스타일을 발전시킬 수 있다.

이러한 전환은 창업자가 회사를 떠난 뒤에도 조직이 흔들리지 않는 기반을 만드는 일이다. 창업자는 더 이상 '모든 일을 아는 리더'가 아니라, **'회사가 스스로 성장할 수 있는 구조를 설계하는 리더'**로 변화해야 한다. 자신의 통제를 넘어서 시스템이 작동하는 조직을 만든다면, 기업은 세대가 바뀌어도 흔들리지 않고 새로운 성장을 이어갈 수 있다.

경영시스템 도입으로 승계 기반을 구축하라

기업이 성장하면서 관리 범위가 넓어질수록, 창업자의 직관에 의존하던 방식은 한계에 부딪힌다. 비체계적인 구조를 후계자에게 그대로 넘기는 것은 곧 리스크의 승계다. 대기업 화학부문에서 근무하다 회사를 창업한 박 사장의 사례는 이 점을 잘 보여준다.

박 사장은 초창기 소수의 팀원과 함께 직접 모든 업무를 챙기며 회사를 빠르게 성장시켰다. 그러나 직원 수가 100명을 넘어서고 부서가 세분화되자, 부서 간 소통 단절과 전략 부재로 혼란이 커졌다. 생산 오류, 납기 지연, 고객 불만이 이어졌고, 재무 흐름이 불안정해지면서 적자가 발생했다. 진단 결과, 회사는 장기 전략·성과관리·교육·재무 등 주요 시스템이 모두 부재한 상태였다. 이는 조직의 성장 속도가 관리 역량을 앞질렀을 때 나타나는 전형적 **성장통(Growing Pains)**이었다. 인적자원회계의 창시자 에릭 플램홀츠(Eric Flamholtz)는 이를 두고 다음과 같이 경고했다.[8]

"성장통은 기업 내부 어딘가 잘못된 신호이며, 이를 방치하면 재정적 위기를 초래한다."

박 사장은 이에 공감하며 조직 혁신과 경영시스템 구축 프로젝트를 1년간 추진했다. 이 프로젝드의 핵심은 단기 문제 해결이 아니라, 지속 가능한 경영 체계의 확립이었다.

첫째, 전략기획 시스템 구축으로 조직의 방향을 다시 세우다.

회사가 성장하면서 부서 간 목표가 엇갈리고, 전체 전략이 보이지 않는 혼란이 나타났다. 이를 해결하기 위해 전략기획 시스템을 도입해 미션·핵심가치·비전을 재정립하고, 중장기 전략과 연간 실행계획을 수립했다. 부서 간 워크숍을 통해 목표를 공유하지, 구성원 모두가 회사의 방향성과 역할을 명확히 이해하게 되었다. 그 결과, 조직은 단기 실적 중심에서 벗어나 공유된 비전과 전략 아래 움직이는 체제로 전환되었다.

둘째, 전사직 자원관리시스템(ERP) 도입으로 단전된 정보를 통합하다.

부서별로 관리되던 생산·재고·회계 데이터가 단절되어 의사결정이 늦고 오류가 잦았다. 이에 ERP 시스템을 도입해 모든 부서가 실시간으로 정보를 공유하도록 통합했다. 생산 부서는 재고 상황에 따라 계획을 조정하고, 재무 부서는 정확한 현금 흐름 분석을 통해 자금 계획을 세울 수 있었다. 이 시스템은 업무 중복을 줄이고, 조직 전체가 하나의 흐름으로 작동하는 기반을 마련했다.

셋째, 인사관리 시스템 도입으로 조직 신뢰도를 높이다.

성과 평가가 불투명해 직원들의 불만이 쌓여 있었다. 이에 인사관리 시스템을 구축해 부서별 핵심성과지표(KPI)를 설정하고, 평가와 보상을 객관화했다. 또한 개인별 역량 개발 계획을 연계해 평가가 성장의 기회가 되도록 설계했다. 그 결과, 직원들은 공정한 보상에 대한 신뢰를 회복했고, 조직의 동기부여와 결속력이 강화되었다.

넷째, 교육 및 재무 시스템 구축으로 역량과 재정을 함께 다지다.

중간관리자 대상 리더십·협업 교육을 통해 실행력을 높이고, 재무 시스템을 정비해 현금 흐름과 수익성을 실시간으로 관리할 수 있는 체계를 마련했다. 이 두 시스템은 조직의 역량과 재정적 안정성을 높이며, 지속 가능한 경영의 뼈대가 되었다.

특히 이번 시스템 도입 프로젝트에서 주목할 점은 후계자가 처음부터 변화 기획과 실행 전 과정에 적극적으로 참여했다는 사실이다. 그는 각 시스템의 구축을 실무진과 함께 수행하며 회사의 실태 진단, 혁신 추진, 현장 변화 관리까지 직접 경험했다. 이 과정에서 현장 직원들과의 소통법, 리더로서의 책임감, 변화 저항을 설득하고 극복하는 리더십, 그리고 전략적 경영 마인드를 몸소 익혔다. 단순히 경영권을 '이양'받은 것이 아니라, 문제 해결 능력과 장기적 시야를 갖춘 준비된 후계자로 성장한 것이다.

이번 혁신의 핵심은 '창업자 함정'을 되풀이하지 않는 데 있었다. 즉, 무계획한 권한 이양이 아니라 성장 단계와 변화 속도에 맞춘 체계적 시스템 구축을 통해 후계자가 리더십을 온전히 발휘할 기반을 마련한 것이다. 이러한 실천은 **'창업자 중심의 직관 경영'을 넘어 시스템에 기반한 전문 경영 체계로의 진화**를 의미했다.

결국 이는 "책임 있는 승계"의 대표적 사례로, 창업자가 후계자에게 리스크를 넘기지 않고 스스로 변화 관리의 주체가 되어 조직을 혁신함으로써 가족기업이 장기적으로 생존과 발전의 기반을 확립한 과정이라 할 수 있다. 이런 접근이야말로 진정으로 창업자 함정에서 벗어나 지속 가능한 경영으로 나아가는 해법이다.

새로운 시대에는
새로운 리더십이 필요하다

현대 경영 환경은 기술 발전과 글로벌화로 급변하고 있다. 이는 기업 운영 방식뿐 아니라 리더십의 방향에도 큰 변화를 가져왔다. 부모 세대와는 전혀 다른 도전 앞에서, 후계자에게는 새로운 리더십이 요구된다. 이 장에서는 그 변화의 방향성을 제시한다.

지시적 리더십에서 참여적 리더십으로 전환하라

시대가 변하면, 리더십의 공식도 달라져야 한다.

승계기업의 창업자들은 강한 의지와 추진력으로 기업을 일군 사람들이다. 이들은 시장예측, 생산, 판매, 자금조달, 인재 선발까지 모든 결정을 직접 내리며 **지시적(Directive) 또는 독재적(Autocratic) 리더십**을 통해 회사를 성장시켰다. 이러한 리더십은 신속한 의사결정과 일관된 추진력으로 창업기나 성장기에 큰 효과를 발휘했지만, 과거의 성공 방식을 그대로 고수하는 것은 세대 교체기에 변화를 가로막는 요인이 되기도 한다.

중요한 것은, 과거의 성공 방식이 미래의 성공을 보장하지는 않는다는 것이다. 시대가 변하고 사업환경이 달라지면 그에 맞는 리더십 전환이 필요하다. 특히 저성장과 불확실성이 커지는 오늘날에는 한 사람의 역량보다 구성원의 협력과 공감을 통해 집단지성을 발휘하는 **참여적(Participative) 리더십**이 더 효과적이다.

참여적 리더십은 조직 구성원들이 의사결정 과정에 적극적으로 참여하여 의견과 아이디어를 내도록 동기부여하는 것이 핵심이다. 그러나 최종 결정권과 그에 따른 책임은 리더가 맡는다. 이러한 리더십은 후계자들에게 특히 요구되는 중요한 역량이다.

한 중소기업의 사례를 살펴보자. 이 회사는 성숙기를 지나 쇠퇴기로 접어든 시점에 후계자가 회사를 맡았다. 창업자 밑에서 일하던 직원들은 지시받은 업무만 수행하며 수동적으로 일했고, 회사 상황이 나빠지면서 분위기마저 침체되었다. 후계자는 회사의 미래가 불투명한 상황에서 침체된 조직 분위기를 바꾸기 위해 '참여적 리더십'을 도입했다. 그러나 처음부터 직원들이 이를 환영한 것은 아니었다. 오랫동안 지시받는 일에 익숙

했던 직원들은 "결국 결정은 윗선이 내릴 것"이라며 회의적인 반응을 보였다. 일부는 변화에 피로감을 느끼거나, "또 다른 경영 실험일 뿐"이라며 냉소적인 태도를 보이기도 했다.

그럼에도 후계자는 포기하지 않았다. 그는 매달 전 직원이 참여하는 브리핑 세션을 열고, 설문조사와 제안제도를 통해 구성원의 의견을 꾸준히 수집했다. 특히 제안된 아이디어 중 일부를 실제로 반영하면서 '경청과 실행'을 보여주자, 직원들의 태도도 서서히 변하기 시작했다. 처음엔 소극적이던 현장 직원들이 점차 자신의 생각을 공유하기 시작했고, 부서 간 협력이 회복되었다.

이러한 변화는 단기간에 일어난 것이 아니었다. 후계자의 꾸준한 노력과 진정성이 쌓이면서 몇 년 후 회사는 매출 하락세를 반등시키는 성과를 냈다. 한 직원은 "말로만 소통이 아니라, 정말 듣고 바꾸려는 모습이 믿음을 줬다."고 말했다.

이처럼 참여적 리더십은 한순간의 변화가 아니라, 시간과 진정성으로 신뢰를 쌓는 과정이다. 후계자는 **구성원들과 함께 문제를 해결하고, 미래를 함께 설계하는 리더**로 성장해 나가야 한다.

직관을 뛰어넘는 전략적 사고가 필요하다

성공한 창업자들은 대개 뛰어난 직관과 결단력을 지니고 있으며, 이를 바탕으로 사업 방향을 빠르게 결정하고 실행했다. 이러한 직관적 의사결정은 창업 초기나 성장기에는 신속성과 유연성을 가져왔지만, 개인의 경험에 의존하기 때문에 후계자가 그대로 계승하기는 어렵다. 더구나 환경이 급변하고 복잡성이 커지는 오늘날에는 직관에만 의존한 결정이 오히려 위험을 초래할 수 있다.

이런 문제를 해결하기 위해 후계자에게 요구되는 핵심적인 역량은 전략적 사고(Strategic Thinking) 능력이다. **전략적 사고란 기업의 비전과 목표를 달성하기 위해 내부·외부 요소를 분석하고 최적의 전략적 대안을 도출해 실행하는 능력이다.**

후계자는 처음에는 관리자로서 단기 목표 달성에 집중하지만, 경영자가 되면 전략적 리더로 전환해야 한다. 전략적 리더는 소식 선제의 비전을 제시하고 시장 변화를 선제적으로 대응하는 역할을 맡는다.

후계자의 전략적 사고 능력을 키우기 위한 가장 효과적인 방법은 전략 기획(Strategic Planning)에 참여하거나 이를 주도하도록 하는 것이다.[9] 전략 기획은 기업의 비전과 목표를 명확히 하고, 이를 달성하기 위한 최적의 방안을 설계하는 과정이다. 이 과정에서 후계자는 다음과 같은 질문에 답하며 체계적인 사고를 훈련하게 된다.

- 우리 회사의 현재 위치는 어디인가?
- 미래의 우리는 어떤 모습이어야 하는가?
- 그 미래에 도달하기 위해 무엇을 해야 하는가?
- 우리이 핵심역량은 무엇인가?

전략적 기획은 후계자가 경영자로서의 시야를 넓히고, 문제를 새로운 관점에서 바라보며 해결책을 찾아내는 능력을 키우는 과정이기도 하다.

결국 후계자가 전략적 사고로 관리자를 넘어 리더로 성장할 때, 기업은 변화에 흔들리지 않고 미래를 준비할 수 있다. 이는 승계 과정에서 반드시 필요한 역량이자 지속 가능한 성장의 기반이다.

Chapter 04

은퇴계획 :
떠남도
전략이
되어야 한다

01

창업자의 은퇴 딜레마를
이해하라

　　70대 중반의 한 중견기업 창업자 조 회장은 몇 해 전 아들에게 경영권을 넘기고 은퇴했지만, 그의 일상은 기대와 달랐다. 평생 회사를 삶의 중심에 두고 살아온 그는 은퇴 후 하루가 낯설고 길게 느껴졌다. 바쁘던 시절엔 늘 전화를 받았지만, 이제는 연락도 드물다. 그는 "나는 이제 아무도 찾지 않는 사람 같다."고 토로했다. 그 말 속에는 오랜 세월 자신을 지탱해온 '일의 의미'를 잃은 공허감이 담겨 있다.

　　조 회장은 자녀들과의 관계에서도 미묘한 거리감을 느낀다. "요즘은 아이들이 무슨 이야기가 있어도 아내에게만 털어놓는다."며 쓸쓸히 웃었다. 평생 회사를 위해 살아온 그에게 가정은 언제부턴가 낯선 공간이 되었다. 그는 "내가 없으면 회사가 돌아가지 않던 시절이 있었는데, 이제는 내가 없어도 아무 일도 달라지지 않는다."며 서운한 마음을 내비쳤다. 이런 경험 끝에 그는 아직 은퇴를 앞둔 경영자들에게 이렇게 조언한다.

"건강이 허락하는 한, 너무 빨리 회사를 떠나지 말라."

조 회장의 이야기는 비단 한 개인의 사례에 그치지 않는다. 많은 창업자들이 은퇴 후 삶의 중심을 잃고, 정체성의 혼란과 고립감을 경험한다. 특히 회사를 분신처럼 여겨온 사람일수록 일선에서 물러나는 순간 '나는 누구인가'라는 질문에 맞닥뜨린다.

이 현상은 심리학에서 말하는 '페르소나(Persona)' 개념으로 설명할 수 있다. 페르소나는 원래 배우가 역할에 따라 쓰던 가면을 뜻하며, 심리학에서는 개인이 사회적 관계 속에서 취하는 역할 인격을 의미한다. 사람은 상황에 따라 여러 역할을 수행한다. 회사에서는 경영자, 가정에서는 부모나 배우자, 사회에서는 친구로서의 얼굴을 가진다. 그러나 평생을 일 중심으로 살아온 경영자들은 이러한 다양한 페르소나를 충분히 발전시킬 기회를 갖지 못한다. 회사에서는 유능한 리더였지만, 가정에서는 권위적인 아버지로, 사회에서는 다소 낯선 사람으로 남는 경우가 많다.

한 오너 경영자는 "젊은 시절 자녀들과 함께 찍은 사진이 한 장도 없더라."며 허탈한 웃음을 지었다. 그 말에는, 한 시대를 이끈 경영자가 은퇴 후 자신을 잃는 과정을 고백하는 쓸쓸함이 담겨 있다.

결국 은퇴는 단순한 퇴직이 아니라, 오랜 세월 자신을 지탱해온 중심 역할의 상실이다. 이는 경영자에게 깊은 혼란과 고립감을 안겨준다.

많은 경영자들이 은퇴를 주저하는 이유는 단순히 권한 이양이 불안해서가 아니다. 자신이 일군 세계에서 물러난다는 것은 곧 '더 이상 내가 필요하지 않다'는 감정으로 이어지기 때문이다. 이 상실감이야말로 승계와 은퇴를 지연시키는 보이지 않는 원인이다.

경영자의 가장 큰 도전이 후계자를 준비시키는 일이라면, 두 번째 도전은 스스로 회사를 떠나는 일이다.[1] 그러나 대부분의 경영자는 여전히 영향력을 놓지 못한 채 머뭇거린다. 그 이면에는 단순한 미련이 아니라, 자신이 쌓아온 역할이 사라진다는 두려움이 있다.

무엇이 은퇴를 어렵게 하는가?

은퇴는 누구에게나 쉽지 않다. 그러나 특히 오너 경영자에게 은퇴는 단순한 생애 단계의 변화가 아니라, 자신이 일군 세계에서 물러나야 하는 중대한 전환점이다. 그렇다면 왜 많은 경영자들이 은퇴를 주저할까?

가족기업 전문가들과 컨설턴트들이 밝혀낸 오너경영자들의 공통적인 심리적·구조적 이유는 다음과 같다.[2]

첫째, '회사 밖의 삶을 생각해본 적이 없다.'

이런 경영자들은 평생을 회사 일에만 몰두해왔기 때문에, 회사 외의 삶에서 의미나 즐거움을 찾지 못했다. 그들에게 회사는 일터이자 삶의 전부였다. 회사를 떠나는 것은 곧 권력과 사회적 위치, 인간관계까지 잃는 일로 느껴진다. 또한, 회사에서 쌓아온 관계가 단절될 것에 대한 불안감도 크다. 그리고, 가족 내에서의 역할 변화에 대한 걱정도 있다. 더 이상 가족에게 경제적 중심 역할을 하지 못할까 봐, 존경과 신뢰를 잃을 것이라는 두려움에 사로잡히기도 한다.

둘째, '회사는 내 인생이다.'

이런 경영자들은 다른 곳에서 만족을 찾지 못하고 평생 회사에만 몰두한 사람들이다. 회사를 자신과 동일시해온 경영자에게 은퇴는 곧 자신의 정체성을 잃는 것과 같다고 느끼며 은퇴를 두려워한다. 이들의 회사는 겉보기에는 안정적일지 몰라도, 실제로는 경영자 개인에게 지나치게 의존하는 구조인 경우가 많다. 결국 이들은 은퇴 후 무엇을 해야 할지 준비되지 않은 상태에서 80대, 심지어 90대까지도 계속 일을 이어가는 경우가 있다.

셋째, '내가 없으면 회사가 돌아가지 않는다.'

이렇게 말하는 경영자가 있다면 이 말이 사실일 가능성이 크다. 이는 경영자가 후계자를 제대로 키우지 못했거나 조직 체계를 구축하지 못한 결과다. 창업 초기부터 모든 일을 직접 처리하던 방식이 기업이 성장한 후에도 그대로 유지되면 결국 앞서 소개한 '창업자의 함정'에 빠지게 된 경우이다. 이로 인해 경영자는 자신이 없으면 회사가 운영되지 않을 것이라는 불안감에 사로잡혀 은퇴를 미루게 된다.

넷째, '은퇴할 경제적 여력이 없다.'

중소기업 경영자들에게 흔한 문제로, 평생 회사의 재정적 안정을 우선시하느라 정작 자신의 은퇴자금을 마련하지 못한 경우가 많다. 그 결과, 은퇴 후에도 회사에 지속적으로 수입을 의존해야 하므로 은퇴를 쉽게 결정하지 못한다.

한 중소기업 경영자는 급여를 줄이고 이익을 재투자해 개인 자산이 거의 없었다. 그는 은퇴 후에도 회사 급여에 의존해야 하는 상황에 놓여 있지만 최근 회사 운영이 어려워지면 미래에 대한 불안이 컸다. 이와 같이 불확실한 미래나 예상치 못한 재정적 부담을 염려하면서 은퇴를 계속 미루게 되는 경우도 있다.

이 밖에도 은퇴를 어렵게 만드는 이유는 후계자의 부재, 자녀에 대한 지속적인 통제 욕구 등 매우 다양하다. 그렇다면 경영자들이 이러한 문제를 극복하고 편안하게 은퇴하려면 무엇이 필요할까? 기본적으로 다음 네 가지가 안정되어야 한다. 스스로 이 질문들에 답해보고, 부족한 부분에 대한 계획을 세워보자.

- **재정적 안정**: 은퇴 후에도 경제적으로 여유로운 생활이 가능한가?
- **가족의 안정**: 자녀들이 갈등 없이 회사를 안정적으로 이끌 수 있는가?
- **조직의 안정**: 내가 없어도 회사가 독립적으로 운영될 수 있는가?
- **심리적 안정**: 회사를 떠난 후에도 '나'의 삶에 의미를 부여할 수 있는가?

이 네 가지 질문은 은퇴 준비의 나침반이다.

재정적 기반, 가족의 화합, 조직의 자율, 그리고 자신에 대한 이해가 모두 갖춰질 때, 경영자는 '퇴장'이 아닌 '완성'으로서의 은퇴를 맞이할 수 있다.

떠나는(let go) 결단이
성공의 핵심이다

70대에 접어든 김 회장은 20대 초에 빈손으로 서울에 올라와 자수성가한 사업가이다. 그는 지난 40년간 기업을 성장시키기 위해 평생을 일에 몰두했다. 하지만 자녀들에게 아버지는 늘 엄격하고 무서운 존재로 기억되었다.

내가 만난 김 사장은 그의 둘째 아들로, 어릴 때부터 아버지를 무서워해 승계를 생각해 본 적이 없었다. 유학 후 대기업에 다니던 어느 날, 후계자로 일하던 형이 승계를 포기하고 떠나며 그가 갑작스럽게 회사를 맡게 되었다. 형은 대학 졸업 무렵 아버지의 요구로 후계 수업을 시작했다. 그는 10년 이상 일하며 부사장까지 되었지만 강압적인 아버지 밑에서 일하며 자신감을 잃고 일에 대한 흥미도 잃었다. 결국 그는 사전 예고 없이 승계를 포기하고 회사를 떠났다.

충격을 받은 김 회장은 30대 중반의 둘째 아들을 사장에 앉히고 자신은 은퇴하겠다면 고향으로 내려갔다. 그러나 5년 뒤 다시 회사에 복귀해 아들의 결정을 번복하고 독단적 의사결정을 하면서 부자 갈등이 본격화되었다.

아버지는 현재의 일에 충실하고 기존의 것을 지키려 했지만, 아들은 회사의 진화와 장기적 성장에 중점을 두었다. 그러던 어느 날, 아버지가 실적 부진을 이유로 아들이 설립한 연구소를 폐쇄하며 갈등은 본격화되었다. 직원들도 누구 말을 들어야 할지 혼란스러워하는 일이 반복되자 둘째 아들도 경영에 흥미를 잃었고, 결국 형저럼 회사를 떠났다.

둘째 아들마저 떠나자 김 회장은 자신이 실무에서 물러나겠다며 아들이 복귀하기를 원했다. 하지만 아들은 아버지를 더 이상 신뢰할 수 없고, 새로운 사업을 준비 중이어서 돌아갈 생각이 없다고 했다. 아들이 떠난 후 회사는 급속히 기울기 시작했고, 70중반을 넘긴 김 회장은 회사를 회복시킬 수 없다고 판단해 헐값에 매각하려 했으나 실패하고 자신의 분신처럼 여기며 40년 넘게 키워온 기업을 스스로 정리해야만 했다.

경영자의 마지막 과제: 바통 넘기기

결국 김 회장의 실패는 단 한 가지, **'제때 떠나지 못한 것'**에서 비롯됐다. 가족기업 전문가들은 가업승계를 흔히 릴레이 경주에 비유한다. 아무리 뛰어난 선수라도 바통을 제대로 주고받아야 승리할 수 있다. 만일 어설프게 쥐다가 놓치기라도 하면 경주는 실패로 돌아간다. 마찬가지로, 가업승계에서도 창업자가 후계자에게 원활하게 경영권을 이양하는 기술이 필요하다.

후계자가 경영자로서 역량을 갖추게 되면, 경영자는 단계적으로 권한과 책임을 위임해야 한다. 하지만 많은 기업들이 이 단계에서 실수를 범한다. 일부 권력만 위임한 채 경영자가 계속 경영권을 쥐고 있으면 후계자와 갈등이 생기고, 이는 조직 전체의 혼란으로 이어질 수 있다. 한 중소기업의 경우 창업자가 물러나는 조건으로 후계자가 복귀했지만, 이런 갈등 자체가 기업 경영에 큰 타격이 되었다.

다음 [그림 4-1]과 [그림 4-2]는 경영자가 후계자에게 통제권을 이양하는 방식을 비교한 것이다.[3] [그림 4-1]은 경영자가 후계자의 성장에 따라 자신의 통제권을 줄이고 후계자의 영향력을 늘려 가다가 은퇴 시점이 되어도 통제권을 넘기지 않고 계속 유지하는 것이다. 이런 경우 두 사람 사이의 갈등이 심화되어 성공적인 승계가 어렵게 될 수 있다.

반면, 성공적인 승계를 이룬 기업들은 [그림 4-2]처럼 후계자의 성장 단계에 맞춰 점진적으로 권한을 이양하는 이상적인 모델을 보여준다. 즉, 후계자가 경영권을 온전히 물려받고 나면, 경영자는 회사를 떠나거나 조언자로 역할을 전환한다.

세대간 통제권 이전의 2가지 유형

그림 4-1 현 경영자가 통제권 이전을 중단한 경우

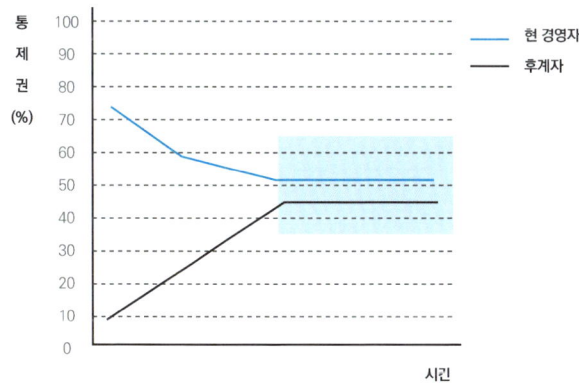

그림 4-2 세대 간 통제권 이전의 최적모델

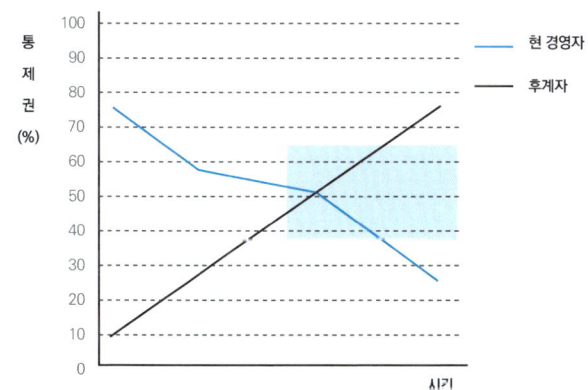

가업승계에 성공한 후계자들은 한결같이 "아버지가 회사 경영을 전적
으로 맡겼기 때문에 내가 성장할 수 있었다."고 말한다. 한 2세 경영자는
"부친이 신뢰하고 회사를 맡기자 스스로 의사 결정을 해야 한다는 부담감

이 컸다. 그래서 책도 더 많이 읽고, 배울 기회가 있다면 어디든 찾아다니며 책임을 다하기 위해 최선을 다했다."라고 회고했다.

진정한 가업승계는 단순한 소유권 이전이 아니라, 후계자가 독립적으로 기업을 이끌어갈 수 있도록 믿고 맡기는 데서 완성된다.

자신의 리더십 스타일을 점검하라

가업승계가 원활하게 이루어지려면 후계자의 역량뿐만 아니라, 경영자의 리더십 스타일도 중요한 변수다.

경영자들은 저마다 다른 방식으로 승계를 준비하고 받아들이는데, 제프리 소넨필드(Jeffrey Sonnenfeld)는 이를 **군주형·장군형·대사형·주지사형** 네 가지 유형으로 구분했다.[4] 자신이 어떤 리더십 스타일을 가지고 있는지 아는 것이야말로 성공적인 승계 준비의 첫걸음이다. 필요하다면 변화해야 한다.

① 왕관을 쓰고 죽는 '군주형 리더'

"왕관을 쓰고 죽는다."는 말이 있다. 군주는 평생 국가를 통치하므로 은퇴 규정이 없기 때문에 나온 말이다. 그런데 많은 오너 경영자들도 마치 군주처럼 기업을 운영한다. 이들은 사회적 정년인 65~70세가 넘어서도 매일 회사에 출근해 모든 업무를 직접 처리하고, 자신을 대신할 사람이 없다고 생각한다. 후계자는 이들에게 의존적일 수밖에 없다.

이러한 군주형 리더는 가족기업에서 흔하다. 그러나 그가 세상을 떠난 후 억눌린 갈등이 폭발해 몇 세대에 걸쳐 쌓은 성과가 순식간에 무너질 수 있다. 헤르만 지몬 박사에 따르면, "심지어 히든 챔피언 기업들도 후계자 지명에 실패하는 경우가 많다."고 한다.[5] 경영자가 자신의 신념이 강할수록 권력 이양이 어렵고, 이로 인해 후계자와의 갈등이나 상속 분쟁이 발생하는 경우가 흔하다는 것이다.

② 호시탐탐 후계자의 권위를 노리는 '장군형 리더'

군주형 리더와 달리, 장군형 리더는 규칙에 따라 은퇴를 감행한다. 하지만 실제로는 사무실을 완선히 떠나기를 꺼려하며, 언제든지 다시 돌아올 기회를 엿본다. 장군형 리더는 군주형과 달리 승계계획을 세우기는 한다. 그들은 사람들이 위대한 리더에게 기대하는 모습을 잘 알고 있기 때문이다.

그러나 문제는 그들이 후계자의 리더십을 키우고 자질을 훈련하는 데는 소극적이라는 것이다. 승계가 이루어진 후에도 회사에 위기가 닥치거나 후계자가 감당하기 어려운 상황이 생기면, 언제든 다시 회사로 돌아와 자신의 능력을 발휘한다. 이로 인해 후계자의 자율성이 약화되고 무기력에 빠질 수 있다. 또한 이런 상황은 세대 간 갈등을 초래한다.

③ 후계자를 위해 길을 열어주는 '대사형 리더'

대사형 리더는 앞선 두 유형과 달리 나이가 들어가는 데 따른 심리적인 어려움을 잘 극복한다. 이들은 사전에 계획한 시점에 후계자에게 경영권을 넘기고 회사를 떠난다. 하지만 은퇴 후에도 회사와 완전히 단절하지 않고, 대외 활동이나 후계자의 멘토 역할을 맡는다. 대부분의 시간을 회사 공식 행사나 자선 단체 등 외부 활동에 할애하며, 후계자가 원활하게 리더십을 발휘할 수 있도록 지원한다.

이들은 후계자가 사업을 철저히 배우도록 돕고, 후계자가 기업을 맡을 능력과 자격을 갖출 때까지 점진적으로 자신의 은퇴를 준비한다. 대사형 리더를 둔 후계자는 상대적으로 운이 좋은 편이라고 할 수 있다.

④ 깨끗하게 떠나는 '주지사형 리더'

가족기업 경영자들 중에서 승계 기한을 정해놓고 실제로 그에 맞춰 회사를 떠나는 비율은 5%도 채 안 된다. 주지사형 리더는 바로 이런 드문 유형에 속한다. 이들은 다른 유형과 비교해 은퇴에 따른 좌절감이나 상실감이 적고, 정해진 기간 내에 권력을 이양하겠다는 목표를 세워 이를 충실히 따른다.

이들은 철저한 승계 계획의 중요성을 알기 때문에 후계자와 핵심 임직원, 공급자, 고객들과 협력하여 승계를 준비하고 이행한다. 주지사형 리더가 대사형과 다른 점은 그들이 은퇴 이후 전적으로 다른 일로 전환한다는 데에 있다. 그들은 매우 우아하게 자신의 임무를 마치고, 회사를 떠난 뒤에는 거의 다시 접촉하지 않고 새로운 일을 통해 새로운 에너지를 찾는다.

이런 리더의 후계자는 체계적인 경영 수업을 받으며 승계 과정을 큰 문제 없이 진행할 수 있다. 다만, 리더가 회사와의 관계를 거의 단절한 뒤에는 후계자가 모든 책임을 떠맡게 되어 어려움을 겪을 수 있다는 단점이 있다.

리더 유형은 경영자의 선택이다. 군주형·장군형은 승계에 걸림돌이지만, 대사형·주지사형은 불확실성을 줄이고 연속성을 높인다. 성공적인 승계는 후계자에게 시간을 주고, 권한을 신뢰하며 점진적으로 이양할 때 가능하다. 나는 어떤 유형의 리더인가?

떠나는 결단이야말로 창업자가 남길 수 있는 마지막 리더십이다.

은퇴 후 재정적 안정을 위한
계획 수립

대학에서 기계학을 전공하고 자동차 회사에 근무하다, 퇴직 후 경기도에서 자동차 부품 제조업을 창업해 중견기업으로 일군 최 회장의 부인을 만났다. 지역에서 부자라고 알려진 것과 달리 실제로 그 가족의 재산은 현재 살고 있는 집 한 채와 약간의 금융자산이 전부라고 했다. 남편이 회사에 모든 노력을 쏟았고, 자녀들도 회사에서 일하고 있지만, 남편의 은퇴 재정계획이 불명확해 불안하다고 했다. 만약 갑작스런 유고가 발생한다면 상속세 부담으로 회사 운영이 어려워질 수 있고, 이익잉여금 누적으로 주식 평가액이 높아 **사전 증여도, 배당·급여를 통한 자산 확보도** 세 부담에 막혀 있었다.

이 사례는 기업 재투자 일변도가 은퇴 후 개인 안전망 부재로 이어질 수 있음을 보여준다. 안정적 승계와 은퇴를 위해서는 **회사와 개인 자산의 분리 그리고 조기 재정 설계**가 필수다.

회사와 개인의 자산을 구분하라

많은 오너 경영자들은 회사 자산을 곧 자신의 자산처럼 여겨 별도의 개인 자산을 충분히 마련하지 않는 경향이 있다. 회사 이익을 모두 재투자하거나 유보금으로 남겨두는 방식은 단기적으로는 성장에 도움이 되지만, 은퇴 이후에는 개인 재정 불안을 초래할 수 있다. 특히 유보금이 과도하게 쌓이면 회사 주식 가치가 상승해 상속·증여세 부담이 커지고, 이는 곧 승계 재원의 압박으로 이어진다.

경영자는 회사와 개인 자산을 명확히 구분하고, 배당이나 급여를 통해 일정 자산을 꾸준히 마련해야 한다. 이 자산을 연금상품이나 부동산 등으로 분산 투자해 회사 사정과 관계없이 안정적인 은퇴 생활과 가족의 재정 기반을 확보해야 한다.

따라서 '자산 분리 → 현금흐름 확보 → 세무 최적화'의 순서로 접근하는 것이 바람직하다. 배당과 급여를 통해 개인 자산을 축적하는 경우, 배당 시점 및 포트폴리오를 선분가와 함께 설계해 세금 부담을 최소화해야 한다. 결국, 개인의 재정적 안정이 성공적인 은퇴와 원활한 승계를 위한 기초가 된다.

은퇴 후 라이프스타일 목표 설정

은퇴 계획의 출발점은 **원하는 삶을 수치화**하는 일이다. 아래 질문에 답하며 월 생활비, 선택지출, 예상 의료비를 금액으로 산출해보자.

- 은퇴 후 매달 필요한 생활비는 얼마인가?
- 여행, 사회 활동, 취미 등에 사용할 예산은 얼마나 되는가?
- 예상치 못한 의료비나 가족 지원 등을 대비해 어느 정도의 자금이 필요한가?

은퇴 재정은 반드시 '배우자 공동 설계'를 원칙으로 해야 한다. 건강·의료비·기타 지원 자금의 필요성을 함께 점검하고, 서로 합의된 목표와 예산을 문서화하고 준비하면 은퇴 생활의 안정성을 높일 수 있다.

경영자는 은퇴 이후를 위한 자산관리 전략을 젊은 시절부터 세워야 한다. 주식, 채권, 부동산 등 다양한 자산군에 분산 투자해 경제 변화에 대한 위험을 최소화하고, 은퇴 후에도 안정적인 현금흐름을 확보해야 한다. 또한 장기적인 인플레이션에 대비해 부동산이나 실물자산 등 구매력을 유지할 수 있는 자산 비중을 고려해야 한다.

결국 장기적이고 체계적인 자산 관리만이 경영자가 회사에 의존하지 않고, 은퇴 후에도 독립적이고 존엄한 삶을 유지하게 하는 가장 확실한 방법이다.

04

행복한 은퇴를 위한
사전 준비 전략

은퇴의 심리적 파고는 누구도 피할 수 없다. 그러나 그 차이는 '준비'에서 비롯된다. 미리 설계한 사람은 상실보다 기대와 기쁨으로 새 단계를 맞는다. 은퇴는 단순히 직장을 떠나는 일이 아니라 새로운 삶이 시자이다.

하지만 많은 경영자에게 은퇴는 정체성 상실로 이어지곤 한다. 특히 '사무실을 어디에 둘 것인가', '명함에 어떤 직함을 넣을 것인가' 같은 문제는 생각보다 큰 심리적 부담이 된다. 일부는 이를 피하기 위해 개인 비서를 두거나 별도 사무실을 마련하지만, 그것이 만족스러운 은퇴를 보장하지는 않는다.

성공적이 은퇴의 정의는 사람마다 다르다. 어떤 이는 여행과 취미를 즐기는 여유로운 삶을, 또 다른 이는 새로운 도전의 기회를 꿈꾼다. 중요한 것은 회사에서 물러나기 전, 자신이 원하는 삶을 미리 설계하는 일이다. 철저한 준비가 있다면 은퇴는 상실이 아닌 또 하나의 새로운 시작이 된다.

은퇴설계 핵심질문

① 은퇴 후 나의 목표는 무엇인가?

② 시간을 어떻게 활용할 것인가?

③ 어떤 방식으로 만족감을 얻을 것인가?

④ 사회에 어떤 기여를 할 것인가?

이 질문들은 은퇴를 '끝'이 아닌 '전환점'으로 만드는 출발점이다.

경영자들은 자신의 경험과 지식을 살려 사회적 가치를 실현할 수 있다. 예를 들어 중소기업 CEO 멘토링, 사외이사 활동, 비영리 단체 자문 등이 있다.

은퇴 후 가능한 활동들

① 사외이사 및 자문역

② 가족재단 설립과 자선활동

③ 새로운 비즈니스 시작

④ 비영리 단체 지원 및 사회 공헌

⑤ 대학 강의 및 교육 활동

⑥ 가족 관계 강화 및 손주 교육

⑦ 어릴 적 꿈이나 예술적 감각 되살리기

⑧ 종교 활동 및 커뮤니티 참여

⑨ 박물관 기증 및 유산 관리

⑩ 자서전 집필

그중에서도 가족재단을 설립해 사회에 기여하는 방식은 가장 의미 있고 지속 가능한 은퇴 모델이다. 미국과 유럽의 경영자들은 은퇴 후 '비영리재단(Philanthropic Foundation)'을 세워 사회적 기여와 자기실현을 동시에 추구한다. 빌 게이츠나 워런 버핏 같은 세계적 기업가뿐 아니라, 중소기업 오너들도 보통 100만~200만 달러(한화 약 14~28억 원) 내외의 소규모 가족재단을 만들어 장학사업, 지역복지, 청년창업 지원 등 자신이 평생 몸담았던 산업과 지역에 환원하고 있다. 미국에만 약 8만 개 이상의 가족재단이 설립되어 있으며, 상당수가 창업자의 은퇴 이후 설립되었다. 이는 자신이 세운 기업철학을 사회적 가치로 확장하는 '두 번째 경영(Second Career)'의 형태라 할 수 있다.

가족재단은 단순한 기부가 아니라 **가족이 함께 사회적 가치를 실현하는 공동의 장(場)**이다. 특히 미국에서는 '**가족재단의 가장 큰 혜택은 사회보다 가족에게 돌아간다**'[6]는 말이 있을 정도로 그 교육적 가치가 높게 평가된다. 손자와 손녀 세대를 재단 활동에 참여시켜 자신의 철학과 가치관을 전하고, 자녀들은 이러한 경험을 통해 '**가족의 정신**'과 '**나눔의 책임**'을 사연스럽게 체득한다. 결국 남을 돕는 일처럼 보이지만, 실제로는 가족의 결속을 강화하고 세대 간 대화를 복원하며, 가문의 정체성과 자긍심을 후세에 전하는 가장 자연스러운 교육의 장이 되는 것이다.

　우리나라에서도 최근 10년간 중소기업 오너들의 '가족 장학재단', '문화재단', '지역사회복지재단' 설립이 꾸준히 증가하고 있다. 아직은 일부 경영자들의 실천에 불과하지만, 그 안에는 중요한 변화의 씨앗이 담겨 있다. 단순한 기부가 아니라, 평생의 노력과 철학을 사회 속에서 완성하려는 **'자기실현의 여정'**으로서 가족재단 설립이 새로운 은퇴의 방식으로 주목받고 있다.

　예컨대, 경기도의 한 기계부품 제조업체 대표는 70세에 은퇴를 앞두고 가족들과 상의 끝에 '장학문화재단'을 설립했다. 그는 "내가 일군 회사의 성공이 지역사회 덕분이라면, 이제는 그 빚을 갚을 때"라며 퇴직금과 개인 자산의 일부를 출연금으로 내놓았다. 재단은 매년 지역 대학생 10명에게 장학금을 지급하고, 기술대학 학생들에게 인턴십 기회를 제공한다. 운영에는 회사에 참여하지 않는 딸이 이사로 참여해 가족이 함께 사회에 기여하는 구조를 만들었다. 그는 "은퇴 후 가장 행복한 일은 가족이 한 방향으로 봉사하고 있다는 사실"이라고 말했다.

　또 다른 사례로, 충청권의 식품기업 창업자는 은퇴 후 '복지재단'을 설립해 저소득층 아동의 급식과 지역 노인 돌봄 사업을 지원하고 있다. 이 재단은 창업자의 아내가 이사장을 맡고, 손녀가 홍보를 담당하는 등 가족이 하나의 팀으로 운영된다. 창업자는 "이제 회사는 자녀들에게, 재단은 우리 부부의 새로운 일터"라고 말한다.

이처럼 가족재단은 거창한 자본이 아니라, 평생의 철학과 가치를 사회 속에서 완성하고, 가족의 연대와 가문의 정신을 이어가는 품격 있는 은퇴의 형태이자 승계의 또 다른 완성 단계이다. 무엇보다도 가족이 함께 참여하는 재단 운영은 은퇴 이후의 삶에 지속적인 사명과 에너지를 부여하며, 세대를 잇는 가장 아름다운 유산이 된다.

미국의 격언에 이런 말이 있다. "어디서부터(from) 은퇴하는 것이 아니라 어디로(to) 은퇴하는가가 중요하다." 은퇴 후에도 매일 아침 기대감으로 하루를 시작하는 삶을 상상해 보라. 은퇴 계획은 바로 그 기대감을 ⫟제화하는 과정이다. 활발하게 활동하는 사람들은 그렇지 않은 사람들보다 더 건강하고 만족스러운 삶을 산다.

경영자라면 은퇴 후를 대비해 사업 외 영역에서의 리더십과 사회적 영향력을 함께 확장해야 한다. 그중에서도 **가족이 함께 참여하는 재단 운영은 은퇴 이후 삶의 의미와 유산을 동시에 이어가는 가장 현실적이고 품격 있는 해법**이다. 이것이 바로 '어디로 은퇴할 것인가'에 대한 가장 확실한 대답이다.

Part 3

가족 :
소통으로 화합을,
규정으로 협력을
만들라

가족기업의 미래는 가족의 신뢰와 협력에 달려 있다.

승계기의 갈등은 대부분 가족 내부의 소통 부재와 규정의 모호함에서 비롯된다. 이 파트에서는 감정과 이해관계가 얽힌 가족 내 소통 방식을 되짚고, 가족규정과 가족지배구조의 정비를 통해 안정된 경영 환경을 구축하는 방안을 소개한다.

Chapter 05

가족화합 :
갈등을 예방하고
신뢰를 구축하라

01

가족 간 분쟁,
그 보이지 않는 뿌리

승계를 준비하는 경영자들의 공통된 바람은 "자녀들이 다투지 않고 화합하며 기업을 이끌어가는 것"이다. 그러나 현실은 기대와는 사뭇 다르다. 대한항공 조양호 회장이 별세하며 "가족들이 사이좋게 협력하라."는 유언을 남겼지만, 곧바로 경영권 분쟁이 언론에 보도되었다.

PwC 조사에 따르면 아시아 가족기업의 70%가 승계 전후 가족 갈등을 겪는다[1]. 이는 가족기업 전반의 구조적 과제다. 아무리 성공한 기업이라노 가속 내 신뢰와 소통이 무너지면 조직 전체의 존속이 위협받는다. 이런 갈등은 단순한 감정 대립을 넘어 경영권 분쟁, 지분 분할, 이사회 혼란, 심지어 기업 해체나 매각으로까지 이어질 수 있다. 연구에 따르면, 승계 과정에서 불거지는 가족 간 갈등은 가족기업 영속성을 저해하는 대표적 위험요인 가운데 하나로 꼽힌다[2].

창업자의 사망으로 시작되는 가족 전쟁

홍콩의 세계적 레스토랑 융키(Yung Kee)는 가족 갈등이 어떻게 수십 년의 성취를 무너뜨릴 수 있는지를 보여주는 대표적인 사례다. 1938년, 창업자 캄 쉬 파이(Kam Shui-Fai)는 거리의 작은 포장마차에서 오리구이를 팔기 시작했다. 뛰어난 요리 실력과 성실함으로 가게는 빠르게 성장했고, 1960년대에는 세계적인 미식지 《미슐랭 가이드》에 소개될 정도로 명성을 얻었다. 그는 가족의 더 나은 삶을 위해 평생을 헌신한 인물이었다. 문제는 그가 세상을 떠난 뒤 시작되었다.

캄 쉬 파이는 세 아들과 딸 하나를 두었다. 장남 킨센(Kinsen)은 어린 시절부터 주방과 운영 전반을 배우며 아버지를 도왔고, 차남 로날드(Ronald)는 유학을 마친 뒤 부동산 관리와 개발 사업을 맡았다. 셋째 아들은 건강이 좋지 않아 경영 참여가 제한적이었고, 딸은 캐나다로 이주해 가업과 거리를 두었다. 그는 생전에 두 아들이 협력해 회사를 이끌길 바라며 장남과 차남에게 각각 35%의 지분을, 나머지 30%는 나머지 가족에게 나누어 주었다. 하지만 정작 중요한 경영권 승계 계획은 남겨두지 않은 채 세상을 떠났다.

장남 킨센은 전통적 방식과 고객 중심 경영을 중시했고, 차남 로날드는 부동산 개발과 현대적 마케팅 전략을 추진했다. 경영철학의 차이는 점차 신뢰의 균열로 이어졌다. 셋째 아들이 암으로 세상을 떠나자, 로날드는 형과 상의 없이 그 지분 10%를 매입하며 지분율을 45%로 높였다. 어머니는 이를 두고 "형제 간 전쟁의 시작"이라며 차남을 강하게 비판했고, 자신의 지분 10%를 장남에게 매각해 지지 의사를 드러냈다. 반면 여동생은 어린 시절 아버지의 편애를 이유로 장남을 불신했고, 자신의 지분 10%를 차남에게 넘겼다. 그 결과 장남 45%, 차남 55%로 지분이 재편되면서 갈등은 돌이킬 수 없는 상태가 되었다.

로날드는 지분 우위를 바탕으로 자신의 두 아들을 경영진에 앉히며 경영권을 장악하고, 장남의 아들들은 회사에서 배제시켰다. 장남 킨센은 이를 받아들일 수 없었다. 그는 동생에게 세 가지를 요구했다. 첫째, 배당을 통해 수익을 공정하게 분배할 것, 둘째, 자신의 아들들도 회사 경영에 참여하도록 할 것, 셋째, 두 가지 모두 어렵다면 자신의 지분을 동생이 매입하거나, 동생의 지분을 자신이 매입하는 방식으로 정리하자는 것이었다. 그러나 로널드는 이 제안을 모두 거절했다. 형제는 법정으로 향했고, 갈등은 가족 전체로 번졌다. 소송이 길어지자 킨센은 극심한 스트레스로 건강을 잃었다. 결국 66세의 나이로 세상을 떠났고, 그의 죽음은 가속 간 불신의 상징으로 남았다.

이후에도 조카들과의 다툼은 계속되었고, 2015년 법원은 "가족 간 합의가 불가능하다면, 매각을 통한 분할 외에는 방법이 없다."고 판결했다. 그러나 이미 관계는 회복 불능 상태였다. 결국 70년의 전통을 자랑하던 융키 레스토랑은 매각되었고, 세계적인 명성과 함께 가족이 유산도 사라졌다. 그 화려한 외식 제국은 무너졌고, 남은 것은 오직 가족 간의 싱처뿐이었다.

결국 융키 레스토랑의 몰락은 돈의 문제가 아니라, 가족 간 신뢰를 유지할 제도적 준비의 부재 때문이었다. 이 사건은 가족기업의 갈등이 단순한 감정 싸움이 아니라, **가족간의 협력을 위한 시스템의 부재**에서 비롯된 구조적 문제임을 보여준다. 바로 여기에 가족기업이 명심해야 할 교훈이 있다.

승계 준비 소홀이 갈등의 본질이다

융키 레스토랑 사례는 자녀에게 단순히 지분을 나누어주기 전에, 그들이 함께 사업을 운영할 역량과 준비가 되어 있는지를 먼저 살펴야 한다는 점을 명확히 보여준다. 부모가 생존해 있을 때는 겉으로 드러나지 않던 긴장과 불만이, 부재 이후에는 상속과 경영권 문제를 둘러싸고 쉽게 표면화된다. 겉으로는 '누가 더 많이 가져가느냐'의 문제처럼 보이지만, 그 이면에는 역할에 대한 기대와 정서적 상처의 충돌이 자리하고 있다. 오랜 세월 쌓인 감정, 부모의 기대와 자녀들의 욕망, 형제 간 경쟁심, 그리고 재산을 바라보는 서로 다른 관점이 맞물리며 갈등은 쉽게 증폭된다. 문제는 이런 갈등이 가족 내부의 불화로 그치지 않고, 기업의 존속 자체를 위협한다는 데 있다. 따라서 부모 세대가 해야 할 가장 중요한 일은 **자녀들이 협력하며 회사를 지켜나갈 수 있도록 미리 준비하는 것**이다. 그 준비에는 다음과 같은 세 가지가 포함된다.

첫째, 상속과 경영권의 기준을 명확히 하라.

상속과 경영권 분배에 대한 원칙은 모호할수록 오해를 낳는다. 경영자의 뜻을 일방적으로 전달하기보다, 왜 그런 기준이 필요한지를 충분히 설명하고 자녀들이 납득할 수 있도록 대화의 과정을 거쳐야 한다. '결과의 통보'보다 '이유의 공유'가 중요하다.

둘째, 가족 구성원의 기대와 목표를 확인하라.

자녀들이 각자 어떤 기대와 비전을 갖고 있는지 명확히 알아야 한다. 기업의 미래를 함께 그리는 과정이 곧 승계 교육의 출발점이다. 이는 단순한 재산 승계가 아니라 책임과 가치의 전수이기도 하다. 자녀가 기업의 철학과 가치, 그리고 리너로서의 사명감을 이해하도록 지속적인 교육과 경험의 기회를 제공해야 한다.

셋째, 정기적인 가족회의로 신뢰를 구축하라.

가족회의는 단순히 모여서 의견을 교환하는 자리가 아니라, 서로의 생각을 솔직하게 나누고 잠재된 갈등을 조기에 발견하는 장이다. 이런 과정을 통해 가족들은 회사의 비전과 가치를 공유하고 기업의 미래를 함께 설계한다는 공동체 의식을 키울 수 있다.

이 모든 준비는 결코 쉽지 않다. 그러나 부모 세대가 바라는 '화합하는 가족기업'을 현실로 만들고, 기업과 가족 모두의 미래를 지켜내기 위해서는 반드시 필요한 과정이다. 가족기업에서 갈등은 피할 수 없는 자연스러운 현상이지만, 이를 미리 이해하고 체계적으로 대비한다면 감정의 매듭을 풀고, 갈등을 제어하며, 기업의 안정과 성장을 동시에 이어갈 수 있다.

"결국, 가족 간 신뢰는 우연히 생기지 않는다. 그것은 미리 준비하고, 꾸준히 대화하며, 함께 성장하려는 의지의 결과이다."

승계 계획에 자녀를 참여시켜라

중소기업 창업자인 강 회장은 세 딸만 두고 있었다. 아들이 없다는 이유로 오래전부터 승계 문제로 고민해왔지만, 다행히 첫째 딸은 회계학을 전공하고 회사에 들어와 경영자로서 자질을 보여주었고, 둘째 딸도 대학 졸업 후 회사 업무를 도왔다. 셋째 딸은 외국계 기업에 다니며 아버지 회사에는 크게 관심이 없었다. 내가 만난 강 회장은 세 딸에게 오너십을 동등하게 분배할지, 아니며 첫째에게 지배적인 오너십을 넘겨야 할지를 깊이 고민하고 있었다.

나는 강 회장에게 **"혼자 결정을 내리지 말고 자녀들의 의견을 먼저 들어보시죠."**라고 제안했다. 이후 내가 세 딸을 각각 개별적으로 만나 이야기를 나눴다. 첫째 딸은 아버지가 일군 회사를 이어갈 책임감과 열정을 드러냈지만, 둘째 딸은 해외 유학을 가서 다른 경로로 커리어를 이어가고 싶다고 했다. 셋째 딸은 처음부터 회사 경영에 큰 관심이 없었다.

흥미롭게도 둘째와 셋째는 "큰언니가 가장 적임자"라며 한목소리를 냈다. 이후 가족회의를 열어, 첫째 딸이 주도적으로 책임경영을 할 수 있도록 지분의 70%를 상속받기로 합의했다. 대신 둘째와 셋째는 각각 15%의 지분과 강 회장의 개인재산을 상속받는 것으로 결정했다. 표면적인 가치만 놓고 보면 형평성에 차이가 있었지만, 자녀들은 모두 "자신들의 의견이 반영되었다."는 점에 만족했다.

이와 같이 승계 계획을 세울 때는 자녀들의 관심과 역할을 고려해 현실적인 방안을 마련하는 것이 핵심이다. 사람들은 함께 **의사결정에 참여했을 때, 최종 결정이 자신의 의견과 다소 달라도 이를 더 존중하고 받아들이는 경향**이 있다. 반면 창업자가 독단적으로 결정을 내리고 일방적으로 통보한다면, 가족 구성원들의 반발과 갈등이 발생할 가능성이 크다.

연구에 따르면, 승계 과정에서 자녀들의 기대와 의견을 반영할수록 가족 간 갈등은 줄어들고, 승계 성과는 높아지는 것으로 나타났다.[3] 후계자가 단순한 수혜지기 이니라 **"과정의 침여자"**로 경험할 때, 반족노와 충성도가 높아진다는 것이다. 결국, 가족이 함께 논의하고 합의한 승계 계획만이 기업과 가족의 미래를 안정적으로 이어가는 가장 효과적인 방법이다.

서로의 입장을 이해하면
해결책이 보인다

가족기업에서 갈등은 흔히 일어나는 일로, 그 자체를 비정상적인 사건이 아니라 조직 구조 속에 내재된 자연스러운 현상으로 보아야 한다. 일반기업이 경제적 합리성과 효율성을 중심으로 운영된다면, 가족기업은 여기에 가족의 가치, 관계, 감정이 복합적으로 얽히며 훨씬 더 복잡해진다. 경영에 참여하는 자녀와 그렇지 않은 자녀, 주식을 보유한 자녀와 그렇지 않은 자녀는 같은 사안을 전혀 다르게 해석한다. 그래서 승계를 앞두고 형제자매 간의 갈등이 불거지는 일은 결코 드문 일이 아니다.

중요한 것은, 이러한 갈등이 특정 가족만의 문제가 아니라는 점이다. 가족과 기업이라는 두 시스템이 서로 다른 논리로 움직이는 순간, 갈등은 자연스럽게 발생한다. 따라서 문제의 본질은 개인의 성격이나 태도에 있기보다는, 가족 시스템과 기업 시스템의 충돌, 즉 구조적 차이에 있다. 이 지점을 이해하는 데 가장 효과적인 도구가 바로 '가족기업의 3차원 모델(3 Circle Model)'이다.

3차원 모델: 가족기업 갈등의 열쇠

가족기업은 **가족(Family)**, **기업(Business)**, **오너십(Ownership)**이라는 세 가지 하위 시스템이 서로 맞물리며 작동하는 독특한 구조를 가진다. 이 세 영역은 각각 고유한 목적과 논리를 지니지만, 한 조직 안에서 동시에 작동하기 때문에 복잡한 긴장과 상호작용이 일어난다. 이 관계를 시각적으로 설명한 것이 바로 가족기업의 '3차원 모델'이다. 이는 가족기업을 구성하는 핵심 영역이 어떻게 겹치고 충돌하며 협력하는지를 하나의 그림으로 보여주는 지도(map)이자, 가족기업의 갈등과 조화를 이해하는 데 가장 기본이 되는 틀이다.

이 모델은 1980년대 하버드대학교의 레나토 타귀리(Renato Tagiuri)와 존 데이비스(John Davis)가 처음 소개한 이후, 가족기업의 작동 원리를 이해하는 데 가장 널리 쓰이는 틀이 되었다.[4]

그림 5-1 가족기업의 3차원 모델

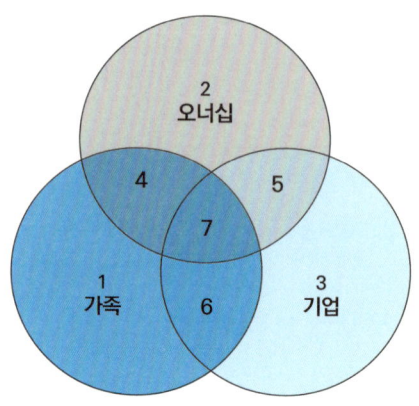

[그림 5-1]에서 가족, 기업, 오너십이 각각 독립된 원으로 존재하지만, 서로 겹치면서 총 7개의 구역이 만들어진다. 이 모델은 가족기업 내에서 각 구성원이 각자 어떤 위치에 있는지, 그리고 그에 따라 어떤 관심사와 기대를 가지는지를 시각적으로 보여준다. 단순히 이론적인 구분이 아니라, 실제로 가족기업에서 갈등이 어떻게 발생하는지를 설명해주는 지도와 같다.

예를 들어, 한 사람은 단순히 '가족'의 위치에만 있을 수 있고(1번), 또 다른 사람은 '주주'로서만 존재할 수도 있다(2번). 반면에, 회사의 임직원으로만 일하는 사람(3번)도 있다. 하지만 세대가 바뀌고 가족 구성원이 점차 기업에 참여하게 되면, 이러한 역할이 겹치기 시작한다. 가족이면서 주주(4번), 직원이면서 주주(5번), 가족이면서 직원(6번)이라는 복합적 위치에 놓이기도 한다.

이처럼 각자의 위치가 다르면 이해관계와 기대 역시 달라진다. 그래서 같은 사안을 두고도 서로 정반대의 반응이 나온다. 기업에서 일하지만 주식을 가지고 있지 않는 아들(6번 구역)은 회사를 키우기 위해 이익을 재투자해야 한다고 주장할 수 있다. 반면 회사에 다니지 않지만 주식을 가지고 있는 딸(4번 구역)은 배당을 통해 생활 안정을 보장받기를 원한다. 지분만 가진 외부 투자자(2번 구역)는 "경영에는 간섭하지 않겠다."면서도 "투명한 재무 보고는 필요하다."고 요구한다. 이처럼 같은 사안을 두고도 관점이 충돌하는 것은, 각자가 맡고 있는 **역할과 책임의 무게**가 다르기 때문이다.

특히 오너 경영자와 지분을 보유한 후계자(7번 구역)는 가장 복잡한 상황에 놓인다. 그는 가족의 일원이며, 동시에 기업의 경영자이고, 또 주요 주주이기도 하다. 이 세 가지 역할을 동시에 수행하다 보면 때로는 가족의 정서를 고려해야 하고, 때로는 기업의 이익을 우선시해야 하며, 또 때로는 주주의 기대를 충족시켜야 한다. 결국 그들은 모든 이해관계를 조율해야 하는 '균형추' 역할을 맡게 되며, 이 과정에서 엄청난 책임감을 느끼게 된다.

갈등의 구조를 이해하는 지혜

이처럼 3차원 모델은 단순한 이론이나 그림이 아니라 가족기업 안에서 **갈등이 생기는 구조적 이유를 보여주는 유용한 도구**다. 많은 창업자나 가족 구성원들은 "왜 우리 집안만 이렇게 힘들까?"라고 생각하지만, 이 모델은 갈등이 특정 가족만의 문제가 아니라 역할의 중첩에서 비롯되는 보편적 현상임을 일깨워준다.

따라서 갈등을 해결하는 첫걸음은 '누구의 잘잘못'을 따지기보다, 각자의 위치와 입장을 이해하는 것이다. "나는 가족으로서 이렇게 느낀다.", "나는 주주로서 이렇게 생각한다."라는 관점이 분리될 때 비로소 대화가 가능해진다. 실제로 장수하는 가족기업들은 이 모델을 바탕으로 갈등의 구조를 먼저 인정하고, 이후에 공정한 규정과 대화의 장을 마련하여 문제를 풀어간다.

성공적인 가족기업들은 이 모델을 단순히 분석 도구로만 쓰지 않는다. 그들은 가족회의나 워크숍에서 각자의 입장을 서로 확인하게 하고, 갈등의 원인을 구조적으로 설명한다. 이렇게 하면 상대방의 주장이 '나를 불리하게 만들려는 의도'가 아니라, **각자가 서 있는 위치에서 자연스럽게 나올 수 있는 시각**임을 이해할 수 있다. 결국, 공정한 규칙과 시스템이 마련되면 설령 자신에게 다소 불리한 결정이 내려지더라도 가족 구성원들은 그것을 받아들이는 경우가 많다.

즉, 가족기업에서 발생하는 갈등은 개인의 문제가 아니라, **가족기업이라는 시스템의 특성상 불가피하게 발생할 수밖에 없는 현상**이다. 그래서 성공적인 가족기업들은 이를 예방하기 위한 시스템을 마련하는 데 집중한다.

장수하는 가족기업들은 두 가지 사실을 분명히 인식하고 있다.[5]

첫째, 모든 가족기업은 다 같은 문제와 갈등을 가지고 있다.

둘째, 사람들은 같은 문제를 자신의 관점이나 입장에 따라 서로 다르게 본다.

이 사실을 명확히 인식할 때, 가족기업은 갈등을 개인적 대립이 아닌 구조적 문제로 바라볼 수 있고, 이는 곧 해결의 출발점이 된다.

공동의 꿈에 합의하라

가족기업에서 발생하는 갈등과 문제를 근본적으로 해결하기 위해서는, 가족 구성원들이 먼저 **공동의 꿈을 공유**해야 한다. 가족기업 연구의 대가 이반 랜스버그(Ivan Lansberg)는 "승계의 출발점은 가족이 공유하는 비전, 즉 **가족 공동의 꿈**"이라고 한다.[6] 각자가 자신의 목표를 따로 추구하기보다, 하나의 공통된 꿈을 설정하고 이를 향해 함께 나아갈 때 승계 과정에서 생길 수 있는 갈등을 예방하고 협력의 기반을 만들 수 있다.

특히 가족기업이 세대를 거듭해 지속 가능한 성장을 이루기 위해서는, 이러한 **공유된 비전이 기업의 존재 이유와 방향성을 결정짓는 핵심 토대**가 된다. 가족이 함께 비전과 가치를 정립하고, 그 위에 기업의 전략과 문화를 세워 나갈 때 가족 내 갈등을 줄이고 더욱 강한 조직문화를 구축할 수 있다.

　이러한 관점에서 다음의 박 회장 사례는 가족 공동의 꿈이 어떻게 합의되고 실천으로 이어질 수 있는가를 보여주는 좋은 예다.

가족이 함께 만드는 가치체계

　박 회장은 부친이 창업한 전자부품 회사를 중견기업으로 성장시킨 2세 경영자다. 그는 60대 후반에 접어들며 승계를 준비하면서, 무엇보다 가족 간의 화합을 가장 중요한 과제로 심있다. 과거 자신의 승세 과정에서 겪었던 어려움을 자녀들에게 물려주지 않기 위해 일찌감치 세 자녀에게 지분을 균등하게 증여했고, 현재는 본인과 세 자녀가 각각 25%의 지분을 보유하고 있다.

　그러나 **지분의 균형이 곧 신뢰의 균형을 의미하지는 않았다.** 첫째 딸과 둘째 아들은 회사에서 함께 일하고 있었지만 승계 문제를 두고 미묘한 긴장감이 있었고, 가정주부인 막내딸은 기업에 관여하지 않으며 수외감을 느끼고 있었다. 표면적으로는 평등해 보였지만, 관계의 깊이에서는 불균형이 자리하고 있었다.

　이에 박 회장은 가족 간 신뢰 회복과 장기적 화합을 위해 컨설팅을 의뢰했다. 나는 첫 단계로 가족 구성원의 성격유형 검사와 신뢰도 진단을 실시했다. 그 결과, 각자의 성격적 특성과 가치관의 차이를 이해할 수 있었고, 겉으로는 평온해 보이던 관계 속에 내면적 긴장과 갈등의 가능성이 숨어 있음을 확인할 수 있었다. 예를 들어, 첫째 딸은 구조적이고 체계적인 접근을 선호하는 리더형, 둘째 아들은 창의성과 자율성을 중시하는 자유형이었다. 이러한 성향의 차이는 의사결정 과정에서 업무 스타일의 충돌로 이어질 수 있는 잠재 요인이었다.

따라서 향후 갈등을 줄이기 위해서는 성격 차이를 인정하는 데 그치지 않고, 이를 넘어서는 공동의 원칙과 방향성, 즉 가족의 규범 체계가 필요했다.

가족 공동의 비전과 행동강령 만들기

이후 나는 가족회의를 제안했고, 첫 번째 회의에서는 가족이 함께 공유할 가족의 비전·가훈·행동강령을 정립하기 위한 워크숍을 진행했다. 이날 회의에서는 각자의 생각과 기대가 자유롭게 제시되었고, 가족들은 서로의 의견을 경청하며 공통된 방향을 찾아가기 시작했다.

하루 만에 합의가 이루어진 것은 아니었다. 이후 몇 차례의 가족회의를 거치며 의견이 조율되고 언어가 다듬어졌으며, 때로는 서로 다른 가치관을 놓고 진지한 논쟁이 이어지기도 했다. 그 과정에서 가족들은 서로의 관점을 이해하고, **함께 결정한 원칙이야말로 진정한 '가족의 약속'**임을 깨닫게 되었다.

그렇게 여러 차례 논의를 거쳐 마침내 가족의 가치체계가 최종 합의되었다. 그 결과는 다음과 같다.

[가족의 비전]
함께 성장하는 가족, 지속되는 기업

[가족 비전선언문]
우리 가족은 건강한 삶과 협력적인 관계를 바탕으로, 기업을 지속 가능하게 이어가고 발전시키며, 기업과 지역사회에 긍정적인 영향을 미치는 강력하고 화합된 가족 공동체를 만든다.

[가훈]
신뢰, 화합, 성실

[가족 행동 강령]
1. 우리는 가족 간 신뢰를 최우선으로 한다.
2. 우리는 중요한 결정을 내릴 때 투명하게 소통하고 합의한다.
3. 우리는 서로의 역할을 존중히며, 공동의 목표를 향해 협력힌다.
4. 우리는 갈등이 생기면 감정보다는 해결책을 찾는 데 집중한다.
5. 우리는 가족기업의 지속 가능성을 위해 각자의 책임을 다한다.

이후 박 회장 가족은 매달 정기 가족회의를 열기로 합의했고, 회의는 자녀들이 돌아가며 주관하는 방식으로 운영하기로 했다. 특별한 안건이 없더라도 함께 모여 근황을 나누거나 봉사활동, 문화 프로그램을 진행하며 가족 유대를 강화하기로 했다.

박 회장은 한발 더 나아가 미래의 4세대가 가족기업의 가치와 문화를 체득할 수 있도록 가족교육 프로그램을 설계하고 있다. 교육캠프, 회사 방문, 공동활동을 통해 다음 세대가 가족의 정체성과 기업의 철학을 자연스럽게 배우도록 하는 것이다.

꿈은 선언이 아니라 실천이다

"자녀들이 사이가 좋았으면 좋겠다."는 바람만으로는 화합이 이루어지지 않는다. 공유된 비전과 구체적 행동강령, 그리고 정기적 소통의 시스템이 함께 작동할 때, 가족 간 갈등을 예방하고 가족기업의 지속 가능성을 지켜낼 수 있다.

결국 **공동의 꿈은 말이 아니라 행동으로 완성되는 것이다.**

04

가족회의를 일상화하라

공동의 비전을 세웠다고 갈등이 사라지는 것은 아니다. 비전을 생활 속에서 이어가고 유지하는 일이 더 큰 도전이다. 선언된 비전이 구호로 끝나지 않으려면, 그것을 점검하고 가족 간 소통을 지속하는 구조가 필요하다. 그 대표적인 장치가 바로 가족회의다.

가족회의는 단순히 기업 운영의 결정을 내리는 자리가 아니다. 가족 간 신뢰를 회복하고, 감정의 균열을 미연에 방지하며, 다음 세대로 기업의 가치를 자연스럽게 전승하는 중요한 소통의 틀이다.

소통 없는 비전은 갈등을 부른다

가족기업에서 흔히 나타나는 갈등의 한 유형은 형제 간의 불화다. 예를 들어, 두 자녀가 함께 경영에 참여했지만 의사결정 방식과 경영철학이 달라 대화가 단절되고 협업이 불가능한 상황에 이른 경우가 있었다. 결국 형제는 회사를 분리해 각자 독립적인 길을 선택했고, 기업은 더 큰 성장의 기회를 잃게 되었다. 겉으로는 전략적 이견처럼 보였지만, 실제로는 가족 간 신뢰와 소통의 부족이 근본 원인이었다. 이처럼 소통이 부재한 상태에서는 사소한 갈등도 걷잡을 수 없는 분쟁으로 번지기 쉽다.

특히 많은 창업자는 독단적 결정을 통해 회사를 성장시켜왔기 때문에, 자녀의 의견을 경청하는 데 익숙하지 않다. 하지만 가족기업의 승계는 창업자 한 사람의 뜻만으로 해결되지 않는다. 자녀들은 단순히 지시를 따르기보다 자신이 존중받고 있다고 느끼고, 중요한 논의에 참여하고 있다는 인식을 가질 때 비로소 협력하게 된다. 이러한 정서적 기반을 유지하기 위해서는 구조화된 대화의 틀, 즉 가족회의가 필요하다.

가족회의는 단순히 경영 현안을 다루는 자리가 아니라, 신뢰를 쌓고 세대 간 가치를 공유하는 장이다. 정기적인 회의를 통해 가족은 기업의 비전, 역할 분담, 신뢰와 책임의 문화를 함께 점검할 수 있다.

앞서 본 박 회장 가족의 사례는 가족회의가 단순한 소통 수단을 넘어 가족문화를 형성하는 기반이 될 수 있음을 보여준다. 자녀들이 돌아가며 회의를 주관하고, 정기적인 만남 속에서 비전과 가치를 생활 속에서 되새기는 과정은 가족 간 유대감을 강화하고 공동체로서의 정체성을 더욱 공고히 했다. 특히 특별한 안건이 없어도 근황을 나누거나 봉사활동을 함께하는 일상적 실천은 가족기업의 철학을 다음 세대로 자연스럽게 전승하는 토양이 되었다.

이처럼 가족회의는 '비전을 생활화하는 장치'이자, 상황에 따라 '갈등을 조율하는 장치'가 될 수도 있다. 그 본질은 언제나 가족을 하나로 묶는 구조적 대화의 장에 있다.

미국이나 유럽의 장수 가족기업들도 마찬가지다. 이들은 가족회의를 매년 '패밀리 서밋(Family Summit)' 형태로 열어, 단순한 회의가 아닌 가족 전체가 함께하는 선동이자 교육의 장으로 삼는다. 이 과정을 통해 다음 세대는 기업의 가치관과 철학을 자연스럽게 배우고, 책임감 있는 미래의 소유자로 성장한다.

결국 비전은 회의실에서 세워지지만, **실천은 가족의 일상에서 완성된다.** 그리고 이 일상을 관리하는 가장 효과적인 방식이 바로 가족회의다.

갈등을 조율하는 커뮤니케이션의 힘

가족 간 갈등은 언제는 발생할 수 있지만, 문제는 그것을 어떻게 다루느냐에 달려 있다. 대화를 통해 갈등을 조정하고 신뢰를 회복하는 구조가 없는 가족기업은 갈등이 장기화되며 감정적으로 악화되기 쉽다.

한 환자 맞춤형 건강 모니터링 기기를 제조하는 중소기업의 사례는 갈등을 커뮤니케이션으로 해결한 좋은 예다. 창업주의 은퇴 이후 두 아들은 사장과 부사장으로 경영에 참여했지만, 회사의 시장 전략을 두고 의견이 갈렸다. 큰아들은 병원과 의료기관을 중심으로 한 B2B 전략을 유지하고자 했고, 작은아들은 디지털 플랫폼을 활용한 B2C 시장 진출을 주장했다. 입장 차이는 점점 뚜렷해졌고, 감정의 골도 깊어질 조짐을 보였다. 그러나 두 형제는 외부 전문가의 도움을 받아 임원들과 함께 비전 워크숍을 열고, 회사의 강점과 시장 가능성을 객관적으로 분석했다. 그 결과, 각자의 주장을 고집하기보다 회사 전체의 비전 안에서 자신의 역할을 명확히 나누는 방향으로 합의했다. 큰아들은 B2B 고객의 신뢰를 강화하는 데 집중하고, 작은아들은 파일럿 프로젝트를 통해 B2C 가능성을 실험하는 방식으로 진행했다.

이 합의는 단순한 전략의 타협이 아니라, 갈등을 극복하고 협력으로 나아가는 커뮤니케이션의 성과였다. 대화의 틀을 만들고 서로의 입장을 인정했기에, 서로 다른 관점이 오히려 조직의 다양성과 유연성을 높이는 계기가 되었다.

결국 소통은 비전을 생활화하는 장치이자, 갈등을 조율하는 무대가 될 수 있다. 가족기업을 건강하게 지탱하는 힘은 완벽한 일치가 아니라, 정기적이고 구조화된 대화에 있다.

지속 가능한 가족회의의 원칙을 세워라

비전과 소통의 틀을 갖추었다 하더라도, 가족회의가 실제로 자리 잡기까지는 가족 모두의 지속적인 노력이 필요하다. 처음에는 열정적으로 시작하지만, 몇 번의 회의를 거친 뒤 흐지부지되는 경우가 적지 않다. 그 이유는 명확하다. 가족회의를 지속시키는 구조와 원칙이 없기 때문이다. 지속 가능한 가족회의는 단발적인 만남이 아니라, 가족기업의 문화를 뿌리내리는 거버넌스 제도로 자리 잡아야 한다. 그렇다면 어떻게 해야 가족회의가 제도처럼 작동하면서도 관계의 온기를 잃지 않을 수 있을까?

성공적인 가족회의는 다음 세 가지 원칙, 즉 명확한 기준, 경청의 분위기, 실행과 피드백 위에서 운영된다.

첫째, 목적과 규칙을 명확히 하라.

가족회의를 시작할 때 가장 먼저 해야 할 일은 목적과 규칙을 세우는 일이다. 단순한 친목 모임인지, 경영 논의와 교육을 병행할 것인지, 참석 대상을 직계 가족으로 한정할 것이지 배우자와 자녀까지 포함할 것인지 등 회의의 성격과 범위를 명확히 합의해야 한다. 이 합의가 없으면 회의는 감정적 논쟁으로 흐르거나 참석 여부가 개인의 기분에 따라 달라지기 쉽다. 회의 운영 규칙에는 다음과 같은 항목이 포함되는 것이 바람직하다.

- 회의 주기(예: 월별, 분기별, 반기별 등)
- 회의 진행자 및 기록자 지정

- 의제 제출 및 사전 공유 절차
- 발언 순서, 시간 관리, 결정 방식(합의 또는 표결)
- 회의록 작성 및 실행 점검 방법

이러한 규칙은 가족회의를 공정하고 일관성 있게 운영할 수 있는 기준선이 된다.

둘째, 운영보다 분위기가 중요하다.
가족회의는 단순히 의사결정을 위한 절차가 아니라, 서로의 이야기를 진심으로 듣는 장(場)이다. 형식보다 중요한 것은 분위기와 경청의 문화다.

유럽의 한 장수 가족기업은 회의 때마다 테이블 중앙에 '토킹 스틱(Talking Stick)'을 둔다. 스틱을 가진 사람만 발언할 수 있고, 다른 사람은 그가 말을 마칠 때까지 절대 끼어들지 않는다. 누군가 질문을 하려면 먼저 "당신의 말은 이런 뜻이었습니까?"라고 확인해 발언자의 동의를 얻은 뒤에만 질문할 수 있다. 이 간단한 장치는 가족이 서로의 말을 해석하거나 판단하지 않고, 있는 그대로 이해하는 문화를 만들어낸다. 감정의 충돌 대신 공감이 자리 잡고, 회의는 논쟁이 아니라 이해의 과정으로 바뀐다.

경영자가 모든 것을 주도하기보다 자녀들이 돌아가며 회의를 주관하거나 외부 조정자를 두면 세대 간의 거리감이 완화되고 공감의 폭이 넓어진다.

회의 초반에는 가벼운 식사나 근황 공유로 분위기를 부드럽게 만들고, '경청', '존중', '비방 금지'와 같은 회의의 기본 규칙(Ground Rule)을 정하고, 매 회의 때 이를 상기시키는 것도 효과적이다. 이처럼 경청의 분위기가 자리 잡을 때, 가족회의는 단순한 대화의 장을 넘어 정서적 안전지대가 된다.

셋째, 실행과 피드백으로 완성하라.

가족회의의 목적은 논의 자체가 아니라 실행에 있다. 회의에서 논의된 사항은 반드시 기록하고, 다음 회의에서 그 결과를 점검해야 한다. 이 과정이 반복될 때, 가족회의는 일회성 대화가 아닌 책임과 신뢰의 문화로 자리 잡는다. 회의록은 시간이 지나며 가족기업의 '역사'이자 '학습 자료'가 된다. 후세는 이를 통해 가족의 의사결정 과정을 배우고, 가족의 가치관과 경영철학이 어떻게 발전해 왔는지를 이해할 수 있다.

또한 회의가 끝난 뒤에는 결정된 사항을 요약해 전 구성원에게 공유하고, 다음 회의 일정과 주제를 미리 정해 두는 것이 좋다. 이러한 작은 절차의 반복이 결국 지속 가능성의 힘을 만든다. 지속 가능한 가족회의의 핵심은 시스템보다 사람, 절차보다 관계에 있다. 정기적이고 일관된 대화는 가족을 하나로 묶는 보이지 않는 약속이며, 그 약속이 지켜질 때 가족기업은 세대를 넘어 성장한다.

비전이 선언으로 머물지 않고 관계 속에서 살아 움직이게 하는 힘, 그것이 바로 지속 가능한 가족회의의 본질이다.

Chapter 06

가족쿠정 : 가족을 넘어 가문의 시스템을 설계하라

01

세대가 바뀌면
오너십도 진화한다

　　　　　전자 부품을 제조하는 중견기업의 창업자 문 회장은
일찍이 60대 초반부터 승계를 준비했다. 그는 회사에 들어와 일하고 있던
큰아들을 후계자로 정하고, 2008년 금융위기 무렵 주가가 낮을 때를 기회
로 삼아 지분 60%를 증여했다. 그 결과 세금 부담을 최소화하며 자연스
럽게 후계 구도를 구축할 수 있었다. 그의 체계적인 준비는 주위에서 "승
계를 가장 잘 준비한 사례"로 평가받았고, 뒤늦게 승계를 준비하는 경영자
늘의 무러움을 샀다.

　이후 둘째와 셋째 아들도 유학을 마친 뒤 형과 함께 경영에 참여했다.
세 형제는 협력 속에 회사를 안정적으로 성장시켰다. 문 회장은 남은 지분
을 두 아들에게 각각 20%씩 증여하며 무리 없는 승계를 마쳤다. 특히 큰

아들은 회사를 성장시키는 데 주도적인 역할을 했고, 동생들 또한 이를 인정하며 신뢰와 협력의 관계를 유지했다. 세 형제는 각각 60%, 20%, 20%의 지분 구조 속에서도 불만 없이 조화를 이루었고, 형제 간 협력 체계가 굳건히 자리 잡았다. 덕분에 문 회장은 자녀들에 대한 걱정 없이 편안한 은퇴를 맞을 수 있었다.

하지만 이제 80대가 된 그에게 최근 새로운 고민이 생겼다. 3세대들이 하나 둘 기업에 들어오기 시작하면서부터였다. 큰아들에게는 딸이 한 명, 둘째에게는 아들 둘, 셋째에게는 아들과 딸이 각각 한 명씩 있다. 손녀딸은 음악을 전공해 경영에는 관심이 없지만, 손자 둘은 해외 명문대에서 경영학을 공부하고 회사에 합류해 리더십을 발휘하고 있었다. 문 회장은 이 손자들이야말로 차세대 경영자로 손색이 없다고 여겼다.

그러나 지분 구조를 따져보니 상황은 달랐다. 손자들이 충분한 역량을 갖췄음에도, 지분 구조상 손자 사위가 경영권을 가질 수도 있다는 사실을 깨닫고 문 회장은 깊은 고민에 빠졌다. 오랫동안 치밀하게 승계 계획을 세워왔지만, 그의 계획은 3세대 이후의 오너십 변화까지는 고려하지 못했음을 뒤늦게 깨달았다.

이 사례는 경영자들이 승계를 준비할 때 단지 1세대에서 2세대로의 이전만을 염두에 두어서는 안 된다는 사실을 보여준다. 3세대, 더 나아가 4세대 이후까지 기업이 지속될 수 있도록 오너십 계획을 장기적 관점에서 설계해야 한다. 부모와 자녀 세대는 한 가족이라는 울타리 안에 있지만, 세대가 거듭되고 가정이 분리되면 이제는 가족이 아니라 가문의 관점에서 오너십을 바라보아야 한다.

승계의 핵심은 단순한 경영권 이전이 아니라, 가문의 정체성을 유지하며 오너십을 안정적으로 계승하는 것이다. 이를 간과하면 지분은 세대마다 쪼개지고 갈등이 커져 기업 존속이 위태로워진다.

이번 장에서는 이러한 문제를 예방하기 위한 관점의 전환, '**가족에서 가문으로**', 그리고 이를 제도화하는 가족헌장의 역할을 살펴본다.

오너십 구조의 진화

가족기업의 오너십 구조는 세대가 바뀌면서 자연스럽게 변화한다. 초기에는 창업자가 절대적인 지배력을 갖고 단독으로 경영하지만, 자녀들이 경영에 참여하게 되면 오너십 구조와 가족 구성원의 역할, 기대치가 달라진다. 따라서 세대 교체에 따른 오너십의 변화와 그 과정에서 생길 수 있는 가족 간 문제를 이해하는 것이 중요하다.

오너십 진화 모델(Ownership Development Model)에 따르면, 가족기업의 오너십은 [그림 6-1]과 같이 창업자 단독경영에서 형제 파트너 경영을 거쳐, 사촌 컨소시엄으로 발전한다.[1] 이는 우리나라에서 흔히 말하는 '오너경영 → 형제경영 → 사촌경영'의 흐름과 같다.

그림 6-1 오너십 구조의 진화

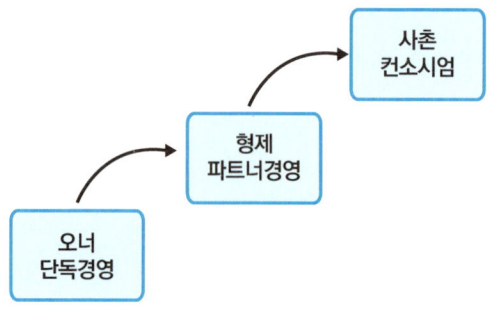

물론 모든 가족기업이 이러한 단계를 순차적으로 밟는 것은 아니다. 한 자녀에게 오너십이 집중되면 단독경영이 이어질 수 있지만, 지분이 분산되면 형제 간 협력 구조로 바뀌고, 이후에는 사촌들이 함께 오너십을 나누는 단계로 발전한다.

문제는 가족이 많아질수록 협력이 결코 쉽지 않다는 점이다. 이해관계가 복잡해지고, 역할이 모호해질수록 갈등의 위험이 커진다. 그래서 많은 경영자들이 여전히 특정 자녀에게 권한을 집중시키려 한다. 실제로 가족기업 연구의 선구자 레온 댄코(Leon Danco)는 "자녀 간 권력 공유나 공동경영은 이상일 뿐 현실에서는 지속되기 어렵다."고 말했다.[2]

그러나 시대는 달라졌다. 이반 랜스버그(Ivan Lansberg)의 연구에 따르면, 오너경영자 중 차세대에는 형제경영을 원한다고 응답한 비율이 단독경영을 선호한 경우보다 두 배나 많았다.[3] 자녀 세대가 '함께 일하는 팀'을 선호하는 경향이 뚜렷해진 것이다. 실제로 로스차일드, 록펠러, 듀폰, 발렌베리 등 세계적인 가족기업들이 형제경영 체제를 통해 장기적 안정을 유지하고 있다.

장수기업들은 이러한 오너십 진화 과정에서 발생할 수 있는 문제를 '가족'이 아닌 '가문'의 관점에서 접근한다. 가족 구성원이 많아질수록 미리 규정을 만들고, 역할과 책임을 문서화하여 갈등을 예방하는 것이다. 이러한 제도적 장치가 있어야 세대가 바뀌어도 신뢰가 유지되고, 기업은 흔들림 없이 지속된다.

결국 오너십의 진화는 피할 수 없는 흐름이며, 이를 **제도적으로 관리하는 가문 거버넌스가 장수기업의 핵심** 비결이다.

오너십 구조가 바뀌면
지배체계도 바꿔라

창업자가 단독으로 경영할 때는 가족 문제가 단순하지만, 자녀들이 합류하면 이해관계가 복잡해지고 의사결정 구조도 바뀌어야 한다. 세대가 바뀌면 기업의 형태만이 아니라 지배체계의 원리 자체가 달라진다.

1단계: 오너 단독경영

이 단계에서는 창업자가 기업의 중심에 서서 모든 의사결정을 책임진다. 기업의 모든 정보가 오너에게 집중되며, 업무 보고부터 중요한 경영

결정까지 오너가 주도한다. 이사회가 존재하더라도 형식적인 경우가 많아, 실질적으로는 오너의 결정을 추인하는 수준에 그친다.[4]

장점은 의사결정이 빠르고 명확한 방향성을 유지할 수 있다는 점이다. 그러나 동시에 창업자의 판단에 기업의 운명이 좌우되므로, 독단적 결정이 기업의 위기로 이어질 위험도 크다. 따라서 기업이 일정 규모로 성장하면 외부 자문위원회나 사외이사를 두어 균형을 잡을 필요가 있다.

이 단계의 핵심 과제는 후계자 선정과 상속계획의 투명성이다. 특정 자녀에게 경영권을 승계할 경우, 다른 가족들과 충분히 소통하고 그 이유를 명확히 공유해야 한다. 그래야 자녀 간 경쟁과 질투를 줄이고, 가족 전체의 신뢰를 바탕으로 다음 세대로 부드럽게 승계할 수 있다.

2단계: 형제경영

형제경영 단계는 자녀들이 함께 기업에 참여하거나, 오너십이 분산되는 시기다. 부모는 자녀들이 힘을 합쳐 회사를 키워가길 바라지만, 현실은 녹록지 않다. 권한을 나누는 과정에서 이해관계가 충돌하고, 기업에 참여하지 않는 자녀와의 갈등도 새롭게 생긴다.

이 시기의 핵심 과제는 형제 간 권력의 균형을 유지하고, 감정이 아닌 원칙으로 소통하는 구조를 만드는 것이다. 감정에 의존한 신뢰는 한순간에 흔들리지만, 제도적 신뢰는 오래 지속된다. 이를 위해 다음과 같은 장치가 필요하다.

- 가족의 비전과 경영철학 공유
- 오너십 유지를 위한 협의체(주주협의회)
- 기업운영 절차의 공식화와 투명한 의사결정
- 정기적 소통의 제도화

특히, 가족 오너십 유지 방안에 대한 합의는 형제 간 신뢰를 제도적으로 지키는 핵심 장치다. 지분 이전, 배당 정책, 가족의 기업 참여 원칙 등을 미리 정해두면, 세대가 바뀌더라도 경영권 분쟁의 소지를 줄일 수 있다. 따라서 가족의 역할과 책임을 명확히 규정하고, 합의된 원칙에 따라 운영하는 것이 형제경영의 성패를 좌우한다.

3단계: 사촌경영

형제 세대에서 자녀 세대로 오너십이 이전되면, 사촌들이 함께 소유와 경영을 나누는 단계로 넘어간다. 이 시기에는 가족 구성원이 늘어나고 가치관과 생활환경이 달라져, 경영에 대한 시각 차이가 커진다. 또한 부모 세대의 갈등이 사촌 세대로 이어질 위험도 존재한다.

사촌경영의 핵심 과제는 기업의 영속성을 지키는 것이다. 이를 위해 가족 고용, 배당 정책, 주식 유동성, 세대 간 갈등 관리 등 복잡한 이해관계를 다루어야 한다. 이러한 과제를 해결하려면 가족위원회, 주주협의회, 독립이사회 등 전문화된 지배기구가 필요하다.

특히 이 단계에서는 외부 전문가의 참여가 큰 효과를 낸다. 사외이사를 포함한 독립이사회는 객관성을 높이고, 사촌 간 이해관계를 조정하는 데 중요한 역할을 한다.

결국 가족기업의 오너십은 단독경영에서 형제경영, 그리고 사촌경영으로 진화한다. 창업세대에서 2세대까지는 '가족'의 울타리 안에서 문제를 해결할 수 있지만, 사촌경영 단계에 이르면 '가문'의 관점으로 접근해야 한다. 협력과 신뢰를 제도화한 지배구조만이 기업의 지속 가능성을 보장한다. [표 6-1]은 각 오너십 단계별 과제와 대응 기구를 한눈에 보여준다.[5]

표 6-1 오너십 단계와 지배구조

오너십 단계	주요 지배구조 과제	대응 지배기구
1단계: 단독경영	• 후계자 선정 및 승계 및 상속계획 • 리더십·오너십 이전 문제	가족회의 자문위원회
2단계: 형제경영	• 형제자매간 역할 분담과 권한 조정 • 가족 비전·가치체계 공유 • 가족 오너십 유지방안 합의 • 의사결정 절차의 공식화 • 가족 소통 제도화	가족총회 주주협의회 이사회
3단계: 사촌경영	• 가문의 일체감 유지 • 배당·지분정책 합의 • 가족간 주식매매 규정 • 가족 갈등 조정 • 가족고용 및 역할 규정	가족위원회 주주협의회 독립이사회 (사외이사)

형제경영을 넘어 가문체계로

박 사장은 중견 화학 관련 제조기업의 2세 경영자다. 그는 대학에서 화학공학을 전공한 뒤, 동종 업계의 대기업에서 현장과 연구개발 경험을 쌓았다. 이후 가업에 합류하면서 자연스럽게 경영을 이어받게 되었다. 당시 회사는 아직 중소기업 규모였고 형은 대학 교수로, 여동생은 전업주부로 생활하고 있었다. 이러한 상황에서 가족 모두가 박 사장이 경영을 맡는 데 이견이 없었다.

그러던 중 부친의 건강이 급격히 악화되면서, 가족들은 장래의 승계 방안을 논의한 끝에 박 사장에게 55%의 지분을, 형과 여동생, 그리고 어머니에게 각각 15%씩 배분하기로 결정했다. 또한 어머니의 지분은 추후 형과 여동생에게 상속하기로 합의했다. 당시 회사의 규모가 크지 않았던 만큼, 가족들은 이러한 지분 구조에 모두 동의했고, 박 사장은 안정적으로 가업의 두 번째 바통을 이어받을 수 있었다.

박 사장은 경영권을 넘겨받은 뒤 회사를 중견기업으로 성장시켰다. 형과 여동생은 그의 경영 능력을 신뢰하며 모든 것을 일임했고, 기업에 크게 관여하지 않았다. 그러나 박 사장은 가족 간 소통 부족이 장기적으로 회사와 가문의 지속 가능성을 위협할 수 있다고 판단했다.

지배적인 지분을 가진 자신이 모든 의사결정을 내릴 수 있었지만, 그는 회사를 개인의 소유가 아닌 **"가문이 함께 이어가는 공동의 자산"**으로 인식했다. 자신의 자녀뿐 아니라 조카들까지도 미래에 회사를 책임질 수 있도록 기반을 마련해야 한다고 생각했다.

이러한 열린 사고와 헌신은 **가족포럼**을 도입하게 된 출발점이 되었다. 나는 박 사장에게 가족 간 신뢰와 협력을 강화하기 위한 방법으로 가족포럼을 제안했고, 그는 이를 적극적으로 받아들여 실행에 옮겼다. 가족포럼은 자녀와 조카들까지 포함해 모든 가족 구성원이 회사와 가문의 비전에 동참하도록 설계되었다. 처음에는 형과 여동생이 "박 사장이 잘하고 있으니 우리는 관여하지 않겠다."며 소극적인 태도를 보였으나, 그는 "가족 모두가 회사의 비전과 가치를 이해하고 협력해야만 다음 세대가 안정적으로 기업을 이어갈 수 있다."며 설득했다.

가족포럼은 매년 2박 3일 일정으로 열렸다. 이 자리에서는 회사의 비전과 전략, 주요 프로젝트를 공유하고, 가족의 역할과 행동 기준을 함께 논의했다. 특히 이 과정에서 작성된 가족헌장과 주주협약서는 단순한 문서가 아니라, 주주로서의 권리와 의무, 가족 간의 역할과 행동 기준을 명시한 일종의 '가문 규범서'였다.

또한 만 20세 이상의 자녀들은 반드시 포럼에 참여하도록 규정했으며, 현재는 박 사장의 아들과 형의 딸이 포럼에 합류해 활동하고 있다.

시간이 흐르면서 가족포럼은 단순한 모임을 넘어 가족이 함께 기업의 미래를 논의하고 책임을 나누는 가족 지배체계의 중심축으로 자리 잡았다. 처음에는 형식적으로 참석하던 형제들도 점차 의미를 느끼기 시작했고, 형은 "박 사상이 이런 자리를 꾸준히 만들지 않았다면, 우리가 이렇게 회사와 서로에게 관심을 가질 기회도 없었을 것"이라며 그 가치를 인정했다.

박 사장은 자녀와 조카들, 즉 6명의 3세들이 각자의 꿈을 추구하도록 지원하면서도, 능력과 열정을 갖춘 가족이라면 누구든 회사의 리더가 될 수 있도록 문을 열어두었다. 이는 사촌들이 서로를 이해하고, 기업에 애정을 가지며, 미래를 함께 설계할 수 있는 토대가 되었다.

박 사장이 가족포럼을 통해 구축한 체계는 앞서 소개한 조 회장이 직면한 3세대 오너십 갈등의 해법을 보여준다. 조 회장의 경우 자녀 세대까지는 문제가 없었으나, 3세대로 넘어가면 역할과 기대가 충돌할 가능성이 높았다. 반면 박 사장은 기득권을 쥔 자신이 모든 것을 통제하려 하지 않고, 열린 마음으로 규범을 만들었기에 가족의 화합을 도모할 수 있었다.

그는 "이 회사는 나만의 것이 아니라 가문의 자산이며, 다음 세대에게 지속 가능한 기업으로 물려주는 것이 내 역할이다."라고 말했다. 개인의 통제보다 가문의 지속 가능성을 우선한 그의 헌신이 가족포럼이라는 구조를 낳았다.

이 사례는 창업 세대와 2세대 경영자들에게 중요한 메시지를 던진다. 가업은 개인의 소유물이 아니라, 가족이 함께 이어가야 할 가문의 공동 자산이다. 이를 위해서는 기득권자의 양보와 헌신, 그리고 제도적 장치가 필수적이다.

가족포럼과 같은 협의체는 단순히 회사의 경영 현황을 보고만 하는 자리가 아니라, 가족이 함께 기업의 미래를 설계하는 장으로 발전해야 한다. 그래야만 진정한 의미에서 **가족을 넘어 가문체계**로 나아갈 수 있다.

03

가문을 하나로 묶는 힘,
가족협의기구의 역할

머크(Merck) 가문은 1668년 독일 다름슈타트(Darmstadt)에서 설립된 세계에서 가장 오래된 화학·의약 기업으로 꼽히며, 현재 12대째 운영되고 있다. 이 기업은 전 세계 65개국에 약 6만여 명의 직원을 두고 있으며, 생명과학, 헬스케어, 전자재료 등 다양한 분야에서 글로벌 사업을 전개하고 있다. 머크 가문은 300년이 넘는 세월 동안 기업을 성장시켜온 장수 가문이다. 그 비결은 가족과 기업의 균형 있는 지배구조에 있나. 이세 머크 가문의 지배구소가 어떻게 설계되어 있는지 살펴보자.

현재 머크 가문을 대표하는 가족은 10대에서 13대까지 약 200여 명에 이른다. 머크사는 상장 기업이지만, 약 130명의 가족이 전체 지분의 70%를 소유하고 있다. 머크 가문의 지배구조 철학은 기업을 최우선으로 두는 것이다. 이들은 가족을 미래의 더 크고 강한 기업으로 남기기 위한 수탁자로 여긴다. 이를 위해 가족, 비즈니스, 오너십이라는 3가지 시스템을 정교하게 통합한 지배구조를 구축했다. 머크 가문의 영향력을 발휘하는 주요 기구로는 가족파트너총회, 가족위원회, 파트너 이사회가 있다.[6]

첫째, **가족파트너총회**는 130명의 가족주주들이 모여 중요한 의사결정을 내리는 기구다. 이 총회에서는 가족위원회의 이사 선출, 기업 오너십 구조 결정, 자본 확충, 주주협약서 변경과 같은 사항을 논의하고 합의한다.

둘째, **가족위원회**는 가족총회에서 선출된 13명의 가족대표로 구성되며, 가족의 이익을 대변하면서도 기업의 장기적 성장과 지속 가능성을 위한 전략적 의사결정에 참여한다. 또한 배당정책, 이사회 구성, 주요 투자·합병 사항 등을 심의·조정하는 역할을 맡는다.

셋째, **파트너 이사회**는 주식회사의 이사회 역할을 수행하며, 최고경영위원회의 멤버 지명과 해임, 주요 경영 업무에 대한 승인 및 감시를 맡는다. 이사회는 가족위원회에서 선출된 5명의 가족과 4명의 사외이사로 구성되어 있다.

머크 가문의 지배구조는 '기업의 독립성과 지속 가능성'을 최우선으로 두는 원칙 위에 세워져 있다. 기업의 전반적인 관리는 가족에 의해 통제되지만, 경영은 능력 있는 경영자에게 맡겨진다. 가족이 회사에 기여할 재능이나 능력이 있다면 언제든지 경영에 참여할 수 있지만, 반드시 중역을 맡아야 한다는 규정은 없다. 다만, 회사의 주요 의사결정은 **가족총회**나 **가족**

위원회를 통해 이루어진다. 머크 지주회사의 회장 프랭크 스탄겐베르그 하버캄 박사는 "머크 가문은 언제나 기업을 최우선시해왔다."며 "제1·2차 세계대전 때에도 가족 모두가 '기업 회생'을 위해 한마음이 되었다."고 회고했다.[7]

머크 가문은 가족 전체의 화합과 결속을 위해 많은 노력을 기울이고 있다. 이들은 217명의 가족을 대상으로 인트라넷을 운영하며, 스키 여행을 기획하거나 가족들이 돌아가며 가족 파티를 개최하는 등의 활동을 통해 가족 간의 교류를 촉진하고 있다. 또한, 가족잡지와 뉴스레터를 발행해 모든 가족 구성원들이 회사의 최신 정보를 얻을 수 있도록 하고 있다.

머크 가문은 가족과 주주로서의 책임감을 높이기 위해 후세 교육에도 많은 노력을 기울인다. 최근에는 13대 자녀들을 대상으로 한 교육 프로그램을 운영하고 있으며, 연 2회 15~20세, 21~30세 그룹으로 나누어 트레이닝, 현장 견학, 세대 간 대화 등의 프로그램을 진행하고 있다. 이들은 체계적인 교육을 통해 머크 가문의 미래를 이끌 후계자를 양성하고 있다.

이와 같이 머크 가문은 오랜 시간 동안 가문의 가치를 지켜오며 가족의 지배구조를 발전시켜왔다. 오너십, 즉 회사의 지분을 가진 가족들은 생계를 배당에 의존하지 않으며, 머크 가문의 가족주주 대부분은 의사, 직장인, 교사, 농부 등 다양한 직업을 가지고 있다. 머크 가문의 하버캄 회장은 한 매체와의 인터뷰에서 "가족경영은 기업의 영속성을 유지하는 데 매우 탁월하다. 100년, 200년을 내다보고 기업을 운영할 수 있다. 그러나 가족이 특혜를 바란다면 가족기업은 성공할 수 없다."고 말한 바 있다. 이는 가족기업을 운영하는 이들이 새겨들어야 할 중요한 교훈이다.

머크 가문은 이러한 장수 가족기업들의 전형적인 모델이라 할 수 있다. 세계적인 장수 가족기업들은 각자 상황에 맞는 협의기구(가족총회, 가족위원회, 주주협의회)를 제도화해 기업의 지속 가능성을 확보해왔다. 이들이 오랜 시간 동안 성공적으로 기업을 운영할 수 있었던 이유는 **각 가문이 체계적인 지배구조를 통해 가족 간 협력과 기업의 장기적인 성장을 가능하게 했기 때문이다.** 이처럼 장수기업의 핵심은 가족 간 신뢰를 제도화하는 구조에 있다. 이제 이러한 협의기구, 즉 가족총회, 가족위원회, 주주협의회의 구체적인 역할과 특징을 살펴보자.

가족총회(Family Assembly)

앞 장에서 살펴본 가족회의가 1~2세대의 소규모 가족 간 유효한 소통의 장이었다면, 가족총회는 그 의미가 다르다. 2세대에서 3세대로 넘어가면서 가족 수가 크게 늘어나고, 구성원들이 지역과 국경을 넘어 흩어지기 시작하면 단순한 대화만으로는 가족 전체의 가치와 결속을 유지하기 어렵다. 이때 필요한 것이 바로 **정기적이고 구조화된 가족총회**다.

가족총회는 기업의 경영 현황을 공유받는 동시에, 가족 공동체 차원의 중요한 원칙과 방향을 합의하는 기구다. 단순한 회의체를 넘어 친목과 협력을 강화하는 행사로서, 흩어진 가족을 다시 모으고 기업과 가문을 하나의 공동체로 묶어내는 역할을 한다.

특히 미래에 주식을 보유하게 될 자녀 세대에게는 총회 참여 자체가 하나의 교육 과정이 된다. 기업의 비전과 가문의 가치를 배우고, 가문의 일원으로서 책임감을 체득함으로써 장차 경영에 참여할 준비를 할 수 있다.

대부분의 가족총회는 연 1회, 2박 3일 일정으로 열린다. 기업의 현황보고와 가족헌장 개정 논의, 세대 간 교육 프로그램은 물론이고 가족 캠프나 기념행사 같은 활동까지 포함된다. 해외 장수 가족기업들이 보여주듯, 이러한 전통은 세대를 아우르는 결속을 강화하고 기업의 지속 가능성을 뒷받침한다.

이제 우리나라 가족기업들도 세대 전환과 글로벌 분산이라는 현실에 맞추어 **가족총회를 제도적으로 도입**할 필요가 있다.

가족위원회(Family Council)

가족총회에는 주식을 보유한 가족뿐 아니라, 기업에 근무하는 가족과 배우자, 자녀, 손자 세대 등 주식을 보유하지 않은 구성원들도 폭넓게 참여할 수 있다. 그러나 가족 구성원이 30명 이상으로 늘어나면, 전 구성원이 모이는 가족총회만으로는 의미 있는 토론이나 신속한 의사결정을 기대하기 어렵다. 가족의 규모가 커지고 세대가 확장되면, 보다 효율적인 의사결정을 위한 대표기구가 필요해진다. 이때 구성되는 조직이 바로 가족위원회이다.

가족위원회는 가문 전체 또는 각 가계를 대표하는 구성원들로 이루어진 공식적인 가족 지배기구로서, 가족의 공동 가치와 비전을 명확히 하고, 구성원 간 이해상충을 예방하기 위한 규정을 제정하며, 가족과 기업 간의 소통 구조를 정립하는 역할을 한다. 이러한 제도적 장치는 가족의 가치관이 기업의 방향성과 조화를 이루도록 돕고, 결과적으로 가족과 기업이 함께 지속 가능한 성장을 이루는 기반이 된다.

가족위원회의 주요 역할은 다음과 같다.

- 가족의 가치와 공동의 꿈을 명확히 설정하고 이를 바탕으로 기업 경영에 대한 방향성을 이사회와 경영진에 전달
- 가족규정 제정 및 관리: 입사, 퇴사, 교육, 보상 등 가족 구성원의 기업 참여에 대한 원칙 수립
- 가족 사명 선언문 또는 가족 신조 개발
- 가족 교육 프로그램 기획 및 차세대 양성을 위한 활동 운영
- 가족 문화와 유산을 계승하기 위한 기념행사 조직
- 가족 자산의 전략적 관리를 위한 패밀리오피스 설립 및 운영 감독
- 가족의 사회적 책임 실현을 위한 자선재단 설립 및 활동 지원
- 가족 간 유대 강화를 위한 행사 및 레저 프로그램 기획

가족위원회는 가족 수와 세대 구성에 따라 유연하게 조정할 수 있다. 대체로 가족 수가 30명 정도일 때는 각 가계를 대표하는 4~5명의 위원으로 구성하는 것이 적절하며, 세대별 또는 가계별로 선출할 수 있다. 위원의 임기는 가족 상황에 맞게 자율적으로 정하거나, 순환제를 도입해 지속적인 참여와 세대 간 교류가 이루어지도록 운영한다.

해외의 장수 가족기업들도 가족위원회를 핵심적인 지배구조로 활용하고 있다. 미국의 SC 존슨은 차세대 가족 구성원이 위원회 활동에 자연스럽게 참여할 수 있도록 멘토링과 비영리 프로젝트를 결합한 사전 프로그램을 운영하며, 가족의 일체감과 리더십을 함께 강화하고 있다.

결국 가족위원회는 단순한 대표기구를 넘어, 가족 간 결속과 세대 간 연속성을 강화하고, 가족기업의 지속 가능한 성장과 안정성을 뒷받침하는 핵심 제도이다.

가족주주협의회(Family Shareholder Association)

가족회사의 지분이 2세대, 3세대로 분산되면 가족 주주 간의 오너십 관리가 중요한 과제가 된다. 주식을 보유한 가족이 늘어날수록, 소유권에 대한 철학을 공유하고 이를 바탕으로 지분 관리와 통제 방안을 명확히 정리하는 것이 필요하다. 대부분의 가족기업 갈등은 소유권 문제에서 비롯되기 때문에, 이를 제도적으로 관리하지 않으면 기업의 지속 가능성이 위협받을 수 있다.

가족주주협의회는 주식을 보유한 가족들이 모여 기업의 소유와 관련된 주요 사안을 논의하고 의사결정을 내리는 공식 협의기구이다. 보통 연 1~2회 정기적으로 열리며, 회의에는 주요 가족주주와 가문 대표, 필요에 따라 외부 자문인이 참석한다. 주요 안건에는 배당 정책, 주식 이전 및 양도 절차, 의결권 행사 기준, 후계자 승인, 지분 구조 조정, 주주 간 분쟁 조정 등이 포함된다.

이 협의회는 단순히 정보를 공유하는 자리가 아니라, 가족이 공동 소유자로서 책임을 자각하고 기업의 장기적 방향성을 함께 논의하는 장이다. 협의회의 결정사항을 제도적으로 보완하기 위해 가족들은 주주협약서(Shareholders' Agreement)를 작성하기도 한다. 주주협약서는 주식 매매, 배당 정책, 주주 간 권리와 의무를 명확히 규정해 가족 간 갈등을 예방하고, 소유권을 가족 내에서 안정적으로 유지하기 위한 제도적 장치로 활용된다.

결국 가족주주협의회는 가족 구성원 간의 신뢰를 제도화하고, 세대를 이어 기업의 오너십을 일관되게 유지하기 위한 첫 단계라 할 수 있다.

이처럼 가족총회, 가족위원회, 가족주주협의회는 세대 전환 시점과 가족의 규모, 그리고 기업의 성장 단계에 따라 서로 다른 역할을 수행한다. 다음 [표 6-2]는 세 협의기구의 주요 기능과 필요 시점을 한눈에 보여준다. 이를 통해 기업은 자사의 현 단계에 맞는 제도를 선택하고, 단계적으로 지배구조를 발전시킬 수 있다.

표 6-2 가족협의기구의 단계별 역할

구분	대상	주요 기능	필요 시점	기대 효과
가족총회 (Family Assembly)	모든 가족 구성원 (주주·비주주 포함)	기업 비전 공유, 가족문화 강화, 교육·교류 행사	2세대~3세대 이상, 가족 수 확장기	가족 간 결속, 공동체 의식 강화, 차세대 교육
가족위원회 (Family Council)	가족총회에서 선출된 대표 (가계·세대별)	가족 가치·비전 설정, 가족규정 제정, 갈등 예방, 기업과의 소통 채널	가족 수 30명 이상, 가족총회 만으로는 의사결정이 비효율적일 때	효율적 의사 결정, 규범 마련, 지속 가능한 가족과 기업 관계
가족주주협의회 (Family Shareholder Association)	주식을 보유한 가족	주주권리·의무 합의, 주식 이전 제한, 배당 정책·지분 관리	주주가 다세대·다수 인원으로 확산될 때	오너십 외부 유출 방지, 기업의 장기 존속 기반 확보

04

장수기업의 지속성은
가족헌장에 있다

세계 장수 가족기업들의 공통된 지속성의 비결은 바로 '가족헌장(Family Constitution)'에 있다. 가족헌장은 가족의 비전과 가치를 공유하고 이를 실현하기 위한 원칙과 규정을 문서화한 것으로, **가족 간 갈등을 예방하고 기업의 영속성을 지켜내는 핵심 장치**이다. 단순한 형식 문서가 아니라, 세대가 교체되더라도 가족과 기업이 조화를 이루며 지속 성장할 수 있도록 돕는 살아 있는 제도적 기반이다.

가족헌장은 법적 강제력보다는 가족 간의 도덕적 약속으로 작동한다. 그러나 바로 그 점이 가족헌장의 힘이다. 제도적 장치를 넘어, 세대가 바뀌어도 기업과 가족을 하나로 묶는 정신적 규범이기 때문이다. 이러한 약속은 단순한 규정이 아니라 가문의 신뢰를 지탱하고 기업을 다음 세대로 안정적으로 이전하기 위한 기반이 된다. 가족들이 함께 비전을 논의하고 다양한 이슈를 문서화하는 과정에서 가족 간의 결속력 또한 강화된다.

무엇보다 가족헌장은 한 번 만들고 끝나는 문서가 아니다. 가족과 기업의 변화에 따라 끊임없이 수정·보완되는 '살아 있는 문서'이다. 일부 장수기업은 세대가 바뀔 때마다 가족헌장을 재협의하거나, 매년 검토 절차를 마련해 운영한다. 이러한 노력이 기업의 지속 가능성과 세대 간 신뢰 유지에 결정적 역할을 한다.

헌장의 구체적 내용은 기업마다 다르지만, 대체로 가문의 철학과 기업의 원칙을 구조적으로 통합하고 있다. 보통 다음과 같은 항목들이 포함된다.

- **기업 지배구조:** 이사회, 자문위원회의 구성과 역할, 주요 의사결정 구조
- **가족 지배구조:** 가족회의, 가족위원회의 운영 규칙 및 의사결정 방식
- **승계계획:** 후계자의 선정 기준과 승계 절차, 리더십 개발 계획
- **가족고용정책:** 가족 구성원의 기업 참여 기준, 승진 및 보상 원칙
- **주주정책:** 주주 간 주식 매매 절차, 배당 정책, 기업이 매도 및 출구 전략
- **갈등해결 절차:** 가족 간 분쟁 해결을 위한 조정 및 중재 규정
- **헌장개정 절차:** 가족헌장의 정기적인 검토 및 수정 방안

가족고용 규정을 마련하라

가족헌장에서 반드시 다뤄야 할 핵심 항목 중 하나가 바로 가족고용 규정(Family Employment Policy)이다. 명확한 기준이 없으면 불필요하게 많은 가족 구성원이 기업에 참여하게 되고, 이는 곧 경영 효율성과 경쟁력의 약화로 이어진다. 더 큰 문제는, 역량이 부족한 가족이 단지 '가족'이라는 이유로 입사해 관리직에 오르는 경우다. 이럴 때 조직의 사기는 떨어지고, 성과 중심의 문화도 무너진다. 때로는 자녀들에게 일자리를 마련해주기 위해 주력사업과 무관한 영역으로 무리하게 확장하면서 기업의 집중력까지 잃는 사례도 발생한다.

따라서 형제경영 단계의 기업이라면, **3세대 자녀들이 본격적으로 기업에 참여하기 전**에 반드시 가족고용 규정을 마련해야 한다. 그렇지 않으면 형제 또는 사촌 간의 참여 여부와 역할을 둘러싼 갈등이 생기고, 가업승계 과정이 협력의 장이 아니라 경쟁과 다툼의 장으로 변질될 위험이 크다.

가족고용정책은 가족 구성원이 기업에서 일하기 위해 갖추어야 할 자격과 절차를 명확히 규정하는 것이다. 일반적으로 장수 가족기업에서는 다음과 같은 원칙을 둔다.

- **교육 요건**: 대학교육 또는 대학원 학위를 요구하며, 특정 전공을 조건으로 내세우기도 한다.
- **경력 요건**: 입사 전, 외부 기업에서 일정 기간 근무하며 실무 경험을 쌓도록 한다.
- **공정한 채용 절차**: 가족 구성원이라도 일반 직원들과 동일한 기준과 절차를 거쳐야 한다.

물론 구체적인 기준은 기업의 규모와 업종에 따라 달라질 수 있다. 그러나 중요한 것은 명확성과 공정성이다. 이를 통해 역량 있는 자녀들에게는 도전 의욕을, 내부 직원들에게는 신뢰와 공정한 보상에 대한 확신을 줄 수 있다. 나아가 가족들이 합의한 고용정책을 문서화해 자녀들과 미리 공유하면, 자녀들은 기업 참여에 대해 현실적인 기대 수준과 준비 방향을 세울 수 있다. 이러한 준비는 미래 세대의 역할을 명확히 하고, 참여 여부를 둘러싼 불필요한 갈등을 예방하는 장치가 된다.

가족고용정책 모범 예시

다음은 장수 가족기업들이 공통적으로 적용하는 대표적인 가족고용정책 예시이다.

① 가족고용철학

가족이 회사에서 일하는 것은 타고난 권리나 의무가 아니다. 가족 구성원의 고용 결정은 가족보다 회사의 이익과 지속 가능성을 우선으로 고려해야 한다. 가족들은 일반 직원과 동등한 기준으로 평가받으며, 단지 가족이라는 이유로 최고경영자의 자리를 보장받지 않는다. 가족이라도 회사에 전적으로 기여하지 못하면, 회사에 남아 있을 수 없다.

② 가족고용을 위한 자격기준

가족들이 회사에서 근무하려면 대학(학사 또는 그 이상)을 졸업해야 한다. 의무
조항은 아니지만, 회사에 합류하기 전 최소 3년간 외부 기업에서 근무한 경험
을 쌓도록 권장한다. 또한 대학 재학 중에는 회사의 인턴십이나 아르바이트를
통해 기업 문화를 이해할 기회를 갖도록 한다. 가족의 배우자가 가족기업에서
일하기를 원할 경우, 전 가족의 동의를 받아야 한다.

③ 회사업무규정 및 보상

외부 근무 경험이 없는 가족 구성원은 기초 직무에서부터 시작해야 한다. 가족
에 대한 보상과 혜택은 각자의 직위, 책임, 자격, 성과를 기준으로 산정하며, 동
일한 직위와 유사한 자격을 가진 일반 임직원과 동등한 급여 체계를 적용한다.
주식을 보유한 가족이라 하더라도, 업무와 관련된 보상은 근무 성과를 기준으
로 결정된다.

가족헌장을 통한 지속성 확보

실제 연구 결과도 이를 뒷받침한다. 데니스 제프 박사가 38개 장수 가
족기업을 조사한 결과, 이들 대부분은 가족과 기업 양 측면에서 체계적인
지배구조를 구축하고 있었다. 특히 5세대 이상 생존한 기업들은 모두 가
족헌장을 보유하고 있었는데, 이는 단순한 규정이 아니라 **장수의 비밀을
담은 핵심 장치였다.**[8]

[표 6-3]에서도 확인할 수 있듯, 세대가 거듭될수록 가족위원회와 가
족헌장의 도입 비율은 높아지고, 독립적인 전문이사회와 전문경영인의 활

용도 확대된다. 결국 장수기업의 공통된 성공 요인은 가족헌장과 이를 뒷받침하는 지배구조의 제도화에 있다.

표 6-3 장수기업의 지배구조 현황

( )는 연구대상 기업의 수

지배구조		현재 경영세대				
		2세대 (8)	3세대 (7)	3~4세대 (7)	4세대 (12)	5세대+ (4)
가족 지배구조	가족위원회	63%	71%	100%	85%	100%
	가족헌장	25%	43%	71%	96%	100%
기업 지배구조	전문이사회	25%	71%	85%	96%	100%
	전문경영인	25%	28%	43%	25%	100%

- **가족위원회와 가족헌장:** 세대가 거듭될수록 가족위원회를 설립하고, 가족헌장을 도입하는 비율이 증가한다.
- **전문이사회 운영:** 3세대 이후부터는 사외이사를 포함한 전문이사회를 운영하는 기업이 급격히 늘어난다.
- **전문경영인 도입:** 오너십과 경영을 분리하는 비율이 낮아 대부분 가족이 경영에 직접 참여하는 경향을 보이나 5세대 이상 기업에서는 100%가 도입하였다.

이러한 연구 결과는, 가족기업이 장기적으로 생존하고 성장하기 위해서는 단순히 가족 간의 신뢰나 창업자의 리더십에 의존해서는 안 된다는 점을 보여준다. 세대가 거듭될수록 가족회의, 가족위원회, 주주협약과 같은 제도적 장치를 마련하여 갈등을 최소화하고 기업 운영의 일관성을 확보해야 한다.

홍콩, 싱가포르, 말레이시아 등 아시아의 가족기업들도 이미 미국과 유럽의 사례를 참고하여 가족헌장을 도입하는 변화를 시도하고 있다. 우리나라 역시 이러한 변화의 흐름 속에서 가족기업의 새로운 방향을 모색해야 할 때다.

가족헌장은 단순한 문서가 아닌 기업의 장기적인 생존과 경쟁력을 좌우하는 핵심 장치다. 다음에서는 이금기(Lee Kum Kee)의 사례를 통해, 가족헌장이 어떻게 기업의 지속 가능성을 뒷받침하는지를 살펴보자.

가족헌장, 장수기업을 지켜낸 힘

굴소스로 유명한 이금기(Lee Kum Kee) 는 1888년 창업자 리금성(李錦裳)이 설립한 소스 제조 기업이다. 우연히 개발한 굴소스를 계기로 중국 남부 난시 지방에서 출발해 마카오와 홍콩을 거쳐 세계로 확장했으며, 오늘날에는 "중국인이 있는 곳엔 이금기가 있다."는 말이 생길 정도로 글로벌 브랜드로 성장했다. 그러나 그 성공의 길은 결코 순탄하지 않았다.

창업자 리금성은 세 아들에게 회사를 동등하게 분할해 주었지만, 형제들 간의 의견 차이는 곧 기업의 운영 방향과 미래 전략을 둘러싼 갈등으로 비화했다. 결국 장남 리슈탕이 다른 형제들의 지분을 매입해 단독 경영 체제를 구축했으나, 그 과정에서 가족 관계는 돌이킬 수 없을 만큼 훼손되었다.

뒤를 이은 리슈탕의 장남 리만탓 역시 같은 문제를 피하지 못했다. 그 또한 동생과의 갈등이 법적 분쟁으로 번졌고, 결국 동생의 지분을 회수하는 것으로 마무리되었다. 이 과정에서 그는 막대한 경제적·감정적 비용을 치렀지만, 동시에 한 가지 교훈을 얻었다. **"가족 간 화목 없이는 기업의 성공도 없다."** 이 깨달음 속에서 리만탓은 4대 경영을 시작하며, 과거의 문제를 되풀이하지 않기 위해 새로운 제도를 도입했다. 바로 가족헌장(Family Constitution)이었다. 그는 가족위원회와 가족총회를 설립하여 갈등을 사전에 예방하고, 기업과 가족의 지속 가능성을 함께 보장하려 했다.

가족총회에는 3세대부터 5세대까지 총 26명의 가족이 참여한다. 세계 각지에 흩어져 있는 자녀들이 함께 모여 가문의 가치를 배우고 이해하는 기회를 갖는다. 모임은 즐겁게 구성되어 가족들이 다음 만남을 기다릴 만큼 호응을 얻고 있으며, 주식을 보유한 7명의 가족 주주를 중심으로 가족위원회가 주요 의사결정을 담당한다.

리만탓은 "가족 내부의 관계가 무너지면 기업의 지속 가능성도 흔들린다."는 신념 아래, 가족헌장에 신뢰를 기반으로 한 생활 규범을 포함시켰다. 이 조항들은 가족 간 화합과 안정적인 관계 유지를 위한 약속이있다. 예를 들어 다음과 같은 규정도 포함되었다.

첫째, 누구든 한 배우자와 한 가정을 유지해야 하며, 혼외 관계가 발생하면 이사회에서 제외된다. 둘째, 이혼한 경우에도 이사회에서 배제되며 다시 회사에 합류할 수 없다. 다만 해당 인물은 주식을 보유할 수는 있으나 기업의 의사결정에는 참여할 수 없다. 이 규정은 4형제 간 논의를 거쳐 마련된 뒤, 전 가족의 합의를 통해 헌장에 포함되었고 이후 세대에도 그대로 적용되고 있다.

최근에는 5세대의 기업 참여에 관한 조항도 추가되었다. 첫째, 모든 5세대 가족은 대학을 졸업해야 하며, 회사에 합류하기 전 최소 3년간 외부에서 경력을 쌓아야 한다. 둘째, 입사 시에는 일반 직원과 동일한 시험을 통과해야 하며, 입사 후에는 기초 직무부터 시작해야 한다. 셋째, 직무 능력이 부족하다고 판단되면 한 번의 기회를 더 주되, 개선되지 않으면 회사를 떠나야 한다. 이러한 규정은 가족 전원의 합의와 서명을 거쳐 가족헌장에 반영되었다.

이금기 가족은 견고한 지배구조 덕분에 지금까지 화목을 유지해 왔지만, 앞으로의 과제는 세계 각지에 흩어져 있는 5세대가 어떻게 협력하여 창업자의 철학을 계승하고 회사를 지속 가능한 기업으로 이끌어갈 것인가 하는 점이다.

가족헌장은 세대 교체의 순간마다 가족기업을 지탱하는 가장 중요한 제도적 장치다. 이금기의 사례가 보여주듯, 가족헌장은 갈등을 예방하고 신뢰를 강화하며, 기업의 전문성과 지속 가능성을 동시에 뒷받침한다. 해외 장수 가족기업들은 이미 가족헌장과 협의체를 보편적으로 운영하며 세대를 넘어 기업을 이어가고 있다.

결국 이금기의 경험은 한 가지 사실을 말해준다. 가족헌장은 갈등을 예방하는 장치이자, 신뢰를 강화하는 약속이며, 세대를 넘어 기업을 지켜내는 유산이다. 장수기업의 생존 전략은 바로 여기에 있으며, 수많은 연구가 이 사실을 입증하고 있다.

이제 우리나라 가족기업도 단기적인 승계 계획에 머물지 말고, 장기적 관점에서 세대를 잇는 새로운 문화를 만들어야 한다. 가족헌장은 가문을 하나로 묶고 기업의 미래를 준비하는 약속이자 다짐이며, 이것이야말로 다음 세대를 위한 가장 값진 유산이 될 것이다.

가족헌장 도입의 4단계 실천 로드맵

가족헌장은 단순히 문서를 작성하는 행정 절차가 아니라, 가족의 비전과 가치를 공유하고 세대를 잇는 문화적 합의를 만들어 가는 과정이다. 가업승계를 준비하는 가족이라면 아래 네 단계를 차근히 밟아가는 것이 바람직하다.

① 준비 단계: 가족의 공감대 형성

가족헌장은 '필요성'에 대한 공감에서 출발한다. 창업자 또는 현 경영자는 가족들에게 헌장의 목적과 기대효과를 명확히 설명하고, 가족 모두가 동등한 구성원으로 참여힐 수 있는 분위기를 조성해야 한다. 이 단계에서는 가족 간의 신뢰 구축과 열린 대화가 무엇보다 중요하다.

□ 핵심 포인트

"가족헌장은 창업자의 뜻을 강요하는 문서가 아니라, 세대가 함께 만들어가는 약속이라는 인식 전환이 필요하다."

② 합의 단계: 가치와 원칙의 도출

가족헌장의 내용은 '문장 작성'보다 '가치를 합의'하는 과정이 핵심이다. 가족회의나 워크숍을 통해 가문의 철학, 비전, 기업의 존재 목적, 그리고 가족 간 역할·책임·윤리 기준을 구체화한다. 논의 과정에서 세대 간 의견 차이가 발생할 수 있으므로, 중립적인 제3자(가업승계 컨설턴트, 변호사 등)의 도움을 받는 것이 효과적이다.

□ 핵심 포인트

"헌장은 글보다 과정이 중요하다. 가족이 서로의 생각을 듣고, 함께 문장을 만들어가는 것이 진짜 가치다."

③ 작성 단계: 구조화와 문서화

합의된 내용을 토대로 문서화한다. 일반적으로 다음 5개 항목을 중심으로 구성한다. 가문의 비전과 핵심가치, 가족 지배구조(가족회의, 가족위원회 등), 후계자 선정 및 승계 절차, 가족고용 및 보상 정책, 주주협약 및 갈등 해결 절차. 이때 모든 조항은 구체적이고 실천 가능한 형태로 정리해야 한다.

□ 핵심 포인트

"불필요하게 복잡한 규정보다는, 가족이 실제로 지킬 수 있는 명확한 원칙 중심으로 구성하라."

④ 운영 단계: 검토와 갱신

가족헌장은 '한 번 만들고 끝나는 문서'가 아니다. 가족과 기업의 변화에 따라 정기적으로 검토하고 수정해야 한다. 가족총회나 가족위원회에서 매년 헌장 이행 여부를 점검하고, 필요 시 개정안을 논의하도록 제도화한다. 장기적으로는 차세대가 헌장 운영 과정에 참여하며 '세대 간 가치 전수의 장'으로 발전시켜야 한다.

□ 핵심 포인트

"헌장은 종이 위의 규정이 아니라, 세대를 잇는 대화의 문화로 운영되어야 한다."

가족헌장은 완성된 문서보다 **함께 만들어가는 과정이 중요**하다. 이 문서는 가족 간의 신뢰를 제도화하고, 기업의 지속 가능성을 보장하는 **가문의 헌법(Family Constitution)** 역할을 한다. 따라서 헌장을 도입하는 목표는 '규제'가 아니라, 가족이 하나의 팀으로 기업의 미래를 설계할 수 있는 문화를 세우는 데 있다.

Part 4

오너십 :
가족기업의
지배력을
보존하라

지속경영을 위해서는 오너십을 지켜내는 전략이 필요하다.

지배구조와 상속계획은 단지 절세가 아니라, 기업의 주도권을 유지하는 핵심 전략이다. 이 파트에서는 창업자를 대신할 지배체계를 이떻게 설계하고, 세금 부담 속에서도 어떻게 기업 자산을 효과적으로 이전할 것인지에 대한 통합적 집근을 제시한다.

Chapter **07**

지배구조 :
창업자를 대신할
지배구조를 마련하라

01

창업자의 역할과
의사결정 시스템의 한계

성장기에 접어든 중소기업의 창업자 박 사장은 해외 진출을 통해 시장을 확대하고 경쟁력을 강화하려는 계획을 세웠다. 최신 설비 도입과 해외 업무를 수행할 유능한 인력 확보 등, 박 사장의 성장 전략을 실현하려면 충분한 자금 조달이 반드시 필요했다. 그는 현재의 재무 상황을 면밀하게 검토한 끝에, 경쟁력 강화가 부채비율 상승을 감수할 만큼 가치 있다고 판단하고 대출을 통한 신규 투자를 추진했다. 그러나 예상치 못한 난관에 부딪혔다. 은행이 신용대출을 거절한 것이다. 그러자 그는 자택담보대출로 자금을 마련했다. 이러한 결정은 단순한 자금 조달을 넘어 오너로서의 책임감과 회사의 미래에 대한 헌신을 보여주는 행동이다. 대출이 승인되자 박 사장은 계획대로 설비를 확충하고 새로운 프로젝트를 시작하며 회사의 성장을 위한 기반을 다져 나갔다.

이 사례는 창업자가 직면하는 복잡한 의사결정 과정을 잘 보여준다. 해외 진출 투자는 단순한 경영 판단이 아니라, 창업자가 **경영자·오너·이사 회의 일원**이라는 세 가지 역할을 동시에 수행하며 내린 결정이었다. 이는 창업자가 한 사람의 판단으로 기업의 방향을 좌우하는 현실을 보여주는 동시에, 이러한 구조가 지닌 장점과 한계를 드러낸다.

- **경영자(CEO)로서의 역할:** 박 사장은 기업의 확장을 위한 전략을 수립하고 실행하는 데 앞장섰다. 그는 최고경영자로서 회사의 방향을 설정하고, 목표를 달성하기 위해 필요한 자원을 확보하며 이를 실행에 옮겼다. 특히 설비 확충과 해외 진출 결정을 통해 회사의 경쟁력을 높이고자 했으며, 이는 기업 성장과 혁신을 이끄는 원동력이 되었다.

- **오너(주주)로서의 역할:** 자신의 집을 담보로 대출을 받아낸 선택은 오너로서 책임과 헌신을 상징적으로 보여준다. 그는 개인 자산을 회사의 미래와 연결하며, 기업의 장기적 성공을 위해 위험을 함께 짊어졌다. 이는 단순한 재정 지원이 아니라, 창업자와 기업이 운명을 공유한다는 강력한 메시다.

- **이사회의 일원으로서의 역할:** 신규 투자와 부채 조정 같은 중대한 결정은 이사회의 영역이다. 박 사장은 이사회 일원으로서 재무 상태를 검토하고 리스크를 분석해 최종 결정을 내렸다. 이는 단순한 집행이 아니라 기업의 미래를 책임지는 전략적 판단이었다.

박 사장의 사례는 창업자가 **경영·소유·이사회**의 역할을 동시에 수행하며 빠른 결정으로 조직을 이끌어나가는 것을 보여준다. 이러한 상황은 초기 기업에는 강력한 추진력이 되지만, 기업이 성장할수록 전문성과 투명성 부족이라는 구조적 한계가 나타난다. 따라서 장기적 안정성과 지속 가능성을 확보하려면 창업자의 직관에 의존하는 단일 구조를 넘어, **역할 분리와 제도화된 지배구조**로 전환해야 한다.

기업의 지배구조 체계

창업자가 모든 결정을 책임지는 초기 단계에서는 빠른 추진력이 강점이 된다. 그러나 기업이 성장하고 가족 구성원이 늘어나면서 더 이상 창업자의 직관과 권위만으로는 기업을 안정적으로 운영하기 어렵다. 이해관계가 다양해지고 자본 규모가 커질수록, 경영의 투명성과 공정성을 보장하는 **제도적 장치**가 필요하다. 바로 이러한 맥락에서 **기업의 지배구조**(Governance)라는 개념이 등장한다.

지배구조는 주주·이사회·경영진의 권한과 책임, 의사결정 과정을 규정해 기업이 책임 있고 투명하게 운영되도록 하는 제도이다. 단지 조직의 형태를 보여주는 그림이 아니라, 기업을 공정하고 지속 가능하게 이끄는 운영의 원칙과 규범인 것이다.

특히 주식회사 제도의 틀 안에서 지배구조는 [그림 7-1]과 같이 주주, 이사회, 최고경영자(CEO)의 세 개의 축으로 구성된다. 이 세 축은 각기 다른 역할을 맡지만, 상호 견제와 균형을 통해 기업을 안정적으로 운영한다. 다음에서는 주식회사에서 일반적으로 작동하는 지배구조 체계의 기본 원리를 살펴본다.

그림 7-1 주식회사의 지배구조 (주주/이사회/CEO)

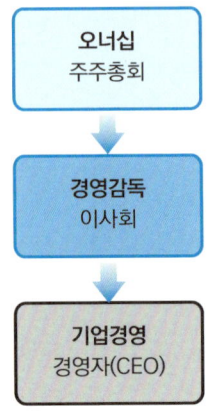

- **주주:** 기업의 자본을 제공하고, 이에 대한 보상을 배당의 형태로 받는다. 주주는 주주총회를 통해 이사회를 구성할 권한을 가지며, 기업의 장기적 방향성을 결정하는 데 핵심적인 역할을 한다.

- **이사회:** 주주를 대신하여 기업의 주요 사안을 최종적으로 의결하고, 경영진을 감독한다. 회사의 전략과 목표에 맞게 운영이 이루어지는지 감시하며, CEO를 선임·해임할 권한도 가진다.

- **최고경영자(CEO):** 기업의 대표로서 이사회가 승인한 전략을 실행한다. CEO는 일상적인 경영을 책임지고, 조직을 성장시킬 구체적 의사결정을 수행한다.

이처럼 주주 – 이사회 – CEO의 역할을 분리하고, 상호 견제와 협력 속에서 기업을 운영하는 것이 지배구조의 기본 원리이다. 가족기업의 경우에도 이러한 구조를 명확히 정립할수록 창업자 개인의 권한 집중에서 벗어나, 기업의 지속 가능성을 높일 수 있다.

가족기업으로 이어 가려면 **지배적인 주식을 보유하는 것이** 무엇보다 중요하다. 주주가 이사를 선임하고, 이사가 CEO를 선임하는 구조에서 가족의 오너십은 곧 기업 의사결정권을 유지하는 핵심 요건이 된다. 경영은 가족이 직접 맡을 수도 있고 전문경영인에게 위임할 수도 있다. 그러나 **어떤 경우든 오너십은 경영권보다 상위 개념으로, 기업의 장기적 방향을 결정하고 안정적인 운영을 가능하게 하는 기반**이다.

또한 기업의 지배구조를 체계적으로 운영하기 위해 상법은 **정관을** 통해 권한과 책임을 명확히 규정하도록 요구한다. 정관은 회사의 '헌법'과 같은 역할을 하며, 주주·이사회·경영진의 권리와 의무를 체계적으로 정의한다. 이를 통해 의사결정이 투명하고 전문적으로 이루어지고, 이해관계자 간의 혼란을 줄이며 경영의 일관성을 확보할 수 있다.

결국 주식회사의 지배구조는 주주, 이사회, CEO라는 세 축으로 이루어져 있으며, 이들의 균형과 협력이 기업의 지속 가능성을 좌우한다. 이를 요약하면 [표 7-1]과 같다.

표 7-1 주체별 역할 요약

주체	주요 역할	핵심 포인트
주주	- 자본 제공 및 수익(배당) 확보 주주총회 등에서 이사 선임 및 기업의 방향성 결정	오너십은 의사결정권의 뿌리침, 기업의 장기 방향을 정하는 핵심기반
이사회	- 주요 전략·투자·재무 의사결정 - CEO 선임 및 경영진 감독	오너를 대신해 기업의 장기적 방향을 관리·견제
최고경영자(CEO)	- 이사회에서 승인된 전략 실행 - 조직 운영 및 성과 창출	실행의 중심축으로 기업의 성장을 책임

지배구조,
이제 전문화가 필요하다

기업의 지배구조 전문화란, 더 이상 창업자 한 사람의 직관과 결단에 의존하지 않고 주주, 이사회, 경영자(CEO)가 각자의 책임을 지는 체계로 전환하는 것을 말한다. 중요한 것은 단순히 권한을 나누는 것이 아니라, 분리된 역할들이 **견제와 협력**의 균형을 이루는 구조를 갖추는 것이다.

가업승계가 이루어지면 이러한 전환은 더욱 필수적이다. 승계 과정에서 발생하는 갈등의 상당수는 "누가 어떤 책임을 맡을 것인가."라는 합의가 명확하지 않은 데서 비롯된다. 따라서 지배구조를 명확히 정의하고 제도화하지 않으면 세대교체가 곧 분쟁으로 이어질 수 있다.

아래 [그림 7-2]는 창업자 중심 구조에서 벗어나 주주총회·이사회·

CEO가 각자의 역할을 담당하면서도 서로 균형을 이루는 체계로 발전하는 과정을 보여준다.[1)]

창업자 역할의 구분

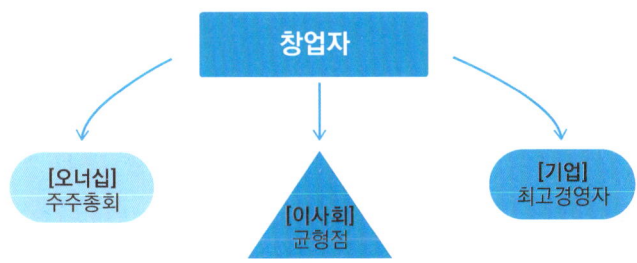

따라서 주주총회, 이사회, 경영진은 각각 독립적인 역할을 수행하면서도 협력하는 균형 구조를 이뤄야 한다. 이것이야말로 창업자의 직관적·독점적 의사결정 방식에서 벗어나 **객관적이고 투명한 지배구조**를 정착시키는 길이다.

세대교체와 지배구조 전환

한 창업자가 은퇴를 앞두고 네 자녀에게 각각 25%씩 공평하게 지분을 나누어 주었다고 가정해 보자. 이 경우 지분은 균등하게 배분되었지만, 역할과 책임까지 똑같이 나눠지는 것은 아니다. 오너십은 나눌 수 있어도, 경영과 이사회 참여는 각자의 역량과 의지에 따라 달라진다. 만약 자녀들의 역할이 다음과 같이 나뉘어 진다면, 창업자가 혼자 수행하던 역할은 자녀에게 각자 분산된다.

- 첫째 자녀: CEO, 이사회 의장
- 둘째 자녀: 연구개발 총괄, 이사회 참여
- 셋째·넷째 자녀: 가족주주로서 비경영 참여

결과적으로 [표 7-2]과 같이, 창업자가 독점하던 권한은 자녀와 외부 전문가로 분산되어 더 이상 한 사람이 모든 것을 결정하지 못하는 구조가 된다.

표 7-2 오너십 분산에 따른 역할의 분산

역할 구분	창업자	2세대	총인원
주주	O	자녀 4명, 각각 지분 25% 보유	가족 4명
이사회	O	첫째, 둘째 자녀	가족 2명 + 외부 3명
경영자(CEO)	O	첫째 자녀	1명

이처럼 소유권은 자녀들에게 균등하게 분산되었지만, 실제 경영과 의사결정 구조에서는 각자의 참여와 책임이 달라진다. 특히 이사회에 외부 인사가 참여하면서, 더 이상 가족만의 이해관계가 아닌, 객관성과 균형이 보장되는 구조로 전환된다. 이는 창업자 중심의 단일 의사결정 체제에서 벗어나 여러 사람이 함께 참여하고 합의해야 하는 전문적 지배구조로 발전하는 과정이다.

예컨대, 첫째 자녀가 주주이자 이사회 의장이며 동시에 CEO라 하더라도 더 이상 독점적 의사결정을 할 수 없다. 이사 선임이나 배당 정책과 같은 중요한 사안은 네 명의 자녀가 공동으로 합의해야 하고, 주요 경영 전략 역시 이사회의 승인을 거쳐야만 실행된다. 둘째 자녀가 연구개발을 총괄하더라도 대규모 기술 투자는 이사회의 검토와 승인을 필요로 한다. 반면 셋째와 넷째 자녀는 경영에 직접 참여하지 않더라도 주주로서 배당이나 주요 정책에 의견을 제시할 권리를 가진다.

이사회는 이제 가족 일부가 주도하는 기구를 넘어, 외부 이사와 함께 기업 전략을 논의하고 CEO의 경영 활동을 감독하는 중심축으로 기능한다. 즉, **주주와 경영자 사이의 견제와 균형을 유지하며, 기업의 장기적 비전을 실현하는 제도적 장치**인 것이다.

따라서 창업자 중심의 단독 의사결정 구조는 점차 다층적 협의와 합의 시스템으로 전환되어야 한다. 이는 단순히 권한을 나누는 차원이 아니라, 기업의 장기적인 안정과 성장의 기반을 다지고 가족 간 갈등을 최소화하며 투명한 거버넌스를 구축하기 위한 필수 과정이다. 실제로 가업승계 전후에 발생하는 갈등의 대부분은 역할과 책임이 불분명한 상태에서 각자가 경영 주도권을 쥐려 하기 때문이다. 그러나 지배구조를 명확히 설계하고 각자의 위치에서 책임을 다한다면, 기업의 안정뿐 아니라 가족 간의 화합도 자연스럽게 시커낼 수 있다.

앞서 살펴본 융키(Yung Kee) 사례는 반면교사의 의미가 크다. 창업자는 기업에 참여하는 두 형제에게 각각 35%를 상속하고, 참여하지 않는 부인과 두 자녀에게는 각각 10%씩을 나누어 주었다. 그는 단순히 "형제가 협력해서 잘 이어가길" 바랐을 뿐, 현실적으로 그들이 주주로서 어떤 책임과 권리가 있는지, 이사회에 누가 어떤 방식으로 참여할지, 경영을 누가 맡을지 전혀 준비하고 있지 않았다. 결국 창업자가 사망한 뒤 형제들 간 경영권 다툼이 격화되었고 법적 분쟁 끝에 기업은 매각되는 결과를 맞게 되었다. 여러 자녀들이 오너십을 나누어 가졌음에도 불구하고 그에 맞는 책임과 역할, 즉 지배구조 체계를 설계하지 못한 것이 결정적 실패 요인이었다.

반면 해외의 장수기업들은 세대교체 시점마다 전문적인 지배구조를 강화하고, 자녀들의 책임과 역할을 구체화하며, 공동의 목표를 세워 협력할 수 있는 체계를 구축하는 데 많은 시간과 노력을 투자한다.

우리나라 가족기업들도 단순히 지분을 상속하거나 후계자를 지정하는 데서 그쳐서는 안 된다. 세대교체기에 지배구조를 전문화하고 제도화하는 것이야말로 가족이 함께 기업을 지켜내는 유일한 길이다.

가족기업의 미래는 한 사람의 리더십이 아니라 제도와 시스템에 달려 있다. 전문화된 지배구조와 투명한 의사결정 체계를 마련하는 순간, 기업은 불필요한 갈등을 넘어 장기적 경쟁력과 미래 성장을 확보하며 세대와 세대를 잇는 100년 기업으로의 도약이 가능해진다.

지배구조 구축을 위한 체크포인트

가족기업이 지속 가능한 체계를 마련하기 위해서는 지배구조를 단순히 형식적으로 갖추는 것이 아니라, 실제로 작동할 수 있는 원칙과 절차를 분명히 마련해야 한다. 다음 다섯 가지는 전문적 지배구조를 설계할 때 반드시 점검해야 할 핵심 요소들이다.

① 역할과 책임을 구분하라.

주주, 이사회, CEO 각각의 권한과 책임은 명확히 정의되고 구분되어야 한다. 모호한 경계는 갈등의 씨앗이 되며, 특히 승계 과정에서 가족 간 분쟁을 유발하는 주요 원인이 된다.

② 합의와 견제를 제도화하라.

이사 선임, 배당 정책, 대규모 투자와 같은 중요한 의사결정은 반드시 이사회의 심의와 결의, 그리고 주주총회의 승인을 거쳐야 한다. 또한 독단적 결정을 막기 위해 견제와 검토 절차를 체계적으로 운영해야 한다.

③ 사외이사와 외부 전문가를 활용하라.

가족 주주만으로는 이해관계가 충돌할 가능성이 크다. 사외이사 또는 외부 전문가를 자문으로 활용해 객관성과 전문성을 보완하면, 합리적인 의사결정을 도출하고 불필요한 분쟁을 예방할 수 있다.

④ 정관과 내규를 정비하라.

갈등은 피할 수 없지만, 이를 관리하는 방법은 준비할 수 있다. 정관과 내규를 통해 공식적인 절차와 합의 메커니즘을 마련해 두어야 한다. 이는 갈등 발생 시 해결의 기순이 된다.

⑤ CEO는 보고와 합의를 원칙으로 삼아라.

경영자는 단독으로 결정하는 존재가 아니다. 주요 현안을 이사회와 주주에게 정기적으로 보고하고, 중요한 정책은 조직 전체의 합의를 바탕으로 집행해야 한다.

지배구조를 세운다는 것은 권력을 나누는 것이 아니라, 함께 책임지는 문화를 만드는 일이다. 이런 문화가 자리 잡을 때 기업은 제도를 넘어, 한 세대의 정신을 다음 세대로 이어갈 수 있다.

오너십 보존은 승계의
필요조건이다

        가족기업이 세대를 이어 존속하려면, **지배적 오너십을 가족 내부에서 유지하는 것**이 가장 중요한 조건이다. 이 오너십은 단순한 지분 보유가 아니라, 가문의 철학과 전통을 잇는 주인의식을 포함한다. 그 관리 방식에 따라 기업은 성장의 기반을 다질 수도, 갈등의 위험에 빠질 수도 있다.

    결국 기업의 지속 가능성은 소유권의 설계와 관리에 달려 있다. 가족 구성원은 소유권의 권리와 책임을 올바로 이해하고, 오너십의 정신으로 이를 조화롭게 행사해야 한다. 그럴 때 비로소 가족기업은 세대를 넘어 존속할 힘을 갖는다.

가족 오너십의 양면성을 이해하라

가족 소유권이 가진 두 가지 힘에 대해 살펴보자.[2]

• 파괴할 힘(The Power to Destroy)

가족 구성원 간에 명확한 역할과 책임이 설정되지 않거나, 소유권 관리가 불투명할 경우 갈등이 발생하기 쉽다. 예를 들어, 특정 가족 구성원이 소유권을 독단적으로 행사하거나, 경영과 소유권의 구분이 모호할 때 문제가 발생한다.

특히, 가족 구성원들이 단기적 이익만을 추구하고 장기적인 비전 없이 행동할 경우 기업의 운영 자체를 위협할 수 있다. 이러한 갈등이 심화되면 가족 간 신뢰가 무너지고, 기업은 내부 분열로 인해 붕괴 위험에 처할 가능성이 크다.

• 지속시킬 힘(The Power to Sustain)

가족 소유권은 기업을 안정적으로 유지하고 성장시키는 강력한 기반이 될 수 있다. 가족 구성원은 외부 투자자와 달리 기업에 대한 강한 애착과 책임감을 가지고 있으며, 이는 기업의 장기적 비전을 가지고 목표에 헌신하는 동력으로 작용한다.

결국 가족 소유권은 그 자체로 중립적이지 않다. 관리 방식에 따라 기업을 파괴할 수도 있고, 지속시킬 수도 있는 **양날의 검**이다. [표 7-3]은 이러한 오너십의 두 얼굴을 구체적으로 비교해 보여준다.

표 7-3 가족 오너십의 양면성

구분	파괴 사례	지속 사례
소유권 행사	지분 독점, 독단적 의사결정	합리적 지분 분배, 협력적 의사결정
이익 추구	단기 배당·사익만 강조	장기적 비전·공동 목표 추구
경영/소유권	경영·소유권 기능 혼동, 책임 불명확	역할 구분·책임 명확화
의사결정	불투명·독단적 결정, 가족 간 합의 부재	공식 절차(정관·내규·협의)에 따른 투명한 결정
책임관리	경영위기·갈등시 책임 회피 및 전가	명확한 권한·책임 분담, 신뢰 기반의 협업

위와 같이, 가족 소유권은 그 자체로 기업의 장기 번영을 위한 기초가 될 수 있지만, 이를 어떻게 관리하고 운영하느냐에 따라 파괴저 위험과 지속직 싱장의 갈림길에 설 수 있나. 가속 오너십의 힘을 올바르게 이해하고 책임 있게 관리할 때 기업의 안정과 가족 공동체의 신뢰를 함께 이어갈 수 있다.

가족 오너십을 지탱하는 다섯 가지 권리

조쉬 바론(Josh Baron)은 오너십이 가진 다섯 가지 권리를 어떻게 행사하느냐가 기업의 미래를 결정진느다고 말한다.[3] 이 권리들은 가족 소유권을 유지하며 기업의 장기적 안정과 성징을 뒷받침하는 핵심 도구로 작용한다.

① 설계할 권리(The Right to Design)

가족 오너는 기업의 소유 구조를 설계할 권리를 가진다. 어떤 형태로 소유할 것인지, 지분을 어떻게 배분할 것인지 등을 결정함으로써 세대를 이어 기업을 함께 소유할 수 있는 기초를 마련한다.

② 결정할 권리(The Right to Decide)

이사 선임, 배당 정책, 주주총회의 주요 안건과 같은 핵심 사안에 대해 실질적으로 참여하고 의견을 반영할 권리를 가진다.

③ 정립할 권리(The Right to Value)

단기적 이익을 우선할지 장기적 지속 가능성을 지향할지를 정하는, 가치관과 철학을 확립할 권리를 의미한다. 이는 가족기업의 정체성과 경영 목표를 세우는 데 중요한 기준이 된다.

④ 정보를 공유할 권리(The Right to Inform)

가족 오너는 기업의 재무 상태와 주요 경영 정보를 투명하게 접근하고 공유할 권리를 가진다. 이는 가족 간 신뢰를 구축하고, 이해관계 충돌을 줄이는 장치가 된다.

⑤ 소유권을 이전할 권리(The Right to Transfer)

가족 오너는 자신의 소유권을 다음 세대에 이전할 권리를 가진다. 이는 가족기업의 장기적 존속을 위한 중요한 기반이다.

이 다섯 가지 권리는 가족이 단순히 '소유주'에 머무는 것이 아니라, 기업의 미래와 성장을 함께 책임지는 적극적 주체가 되도록 이끄는 장치다. 이러한 권리들이 제대로 행사될 때, 가족 소유권은 단순한 지분의 의미를 넘어 기업을 더욱 단단히 지탱하는 버팀목이 될 수 있다.

가족의 오너십 철학에 합의하라

　기업이 창업자의 손을 넘어 다음 세대로 이어지려면, 가족 구성원들이 소유권에 대한 공통의 철학을 세우고 이에 합의해야 한다. 즉, 모든 가족 오너가 **"우리 기업이 추구하는 가치는 무엇인가?"**, **"기업이 장기적으로 지향해야 할 방향은 어디인가?"**라는 질문에 공감대를 형성해야 한다. 이 과정을 통해 가족들은 미래의 꿈을 공유하고, 오너로서의 권리와 책임에 대한 공동의 원칙을 세울 수 있다. 이러한 합의가 있다면 많은 잠재적 갈등을 사전에 예방할 수 있다.

　반대로, 합의 없이 각자의 방식대로 기업을 운영하려 한다면 형제 자매 간의 주도권 다툼은 피하기 어렵다. 더 나아가, 일부 가족이 자신의 주식을 외부에 매각하게 되면 기업은 점점 가족기업으로 존속하기 어려워질 것이다. 실제로 많은 가족기업이 세대를 거치며 지속 가능성을 잃는 이유도 바로 이 지점에서 비롯된다.

　미국의 대표적인 가족기업 카길(Cargill)은 세계 최대의 농업·식품·원자재를 아우르는 다국적 기업으로, 1865년 설립 이후 150년 넘게 가족 소유 구조를 유지해왔다. 카길은 외부 상장을 통한 자금 조달 대신, 가족 소유의 독립성과 장기적 성장 철학을 지켜왔다. 그 결과 창업자 윌리엄 월러스 카길의 후손 약 90명이 현재도 회사 주식의 88%를 보유하며 기업의 독립성을 유지하고 있다.

　카길은 가족 간 합의를 통해 단기 성과보다 장기적 비전과 지속 가능성을 중시하는 경영을 이어왔다. 가족 구성원들은 공유된 비전과 가치를 바탕으로 외부 간섭 없이 독립적으로 기업을 운영하며, 신뢰와 책임감을 통해 안정적인 성장을 지속해온 것이다.[4]

이 사례는 가족기업이 소유권 철학에 대한 합의와 장기적 비전을 공유할 때, 가족의 결속이 강화되고 기업은 세대를 넘어 안정적 성장을 이어갈 수 있음을 보여준다. 결국, 가족기업의 소유권 철학은 단순한 지분 배분의 문제가 아니라, 가족 간 신뢰를 강화하고 기업의 정체성과 가치를 지켜내는 기반인 것이다.

주주협약서를 제도적 장치로 활용하라

가족기업이 2세, 3세로 넘어가면서 소유권은 자연스럽게 여러 가족에게 분산된다. 이때 가족 구성원이 자신의 지분을 외부에 매각한다면, 가족의 영향력은 약화되고 기업의 존속 자체가 위협받을 수 있다.

미국과 유럽의 장수 가족기업들이 수 세대를 이어올 수 있었던 이유 중 하나는, 초기 단계에서 가족 간 소유권 규정을 명확히 정리했기 때문이다. 이들은 가족주주협의회를 만들어 공동의 꿈과 비전을 공유하고, 주식 매매·배당 기준 등 핵심 사항을 합의한 뒤 이를 **주주협약서**라는 법적 문서로 명문화했다.

주주협약서는 가족기업의 지속 가능성을 보장하는 핵심 장치다. 가족주주의 권리와 책임을 명확히 정의해 경영과 소유권의 혼란을 막고, 주식 매매와 배당 정책을 사전에 합의함으로써 갈등을 줄인다. 동시에 주식의 외부 유출을 제한해 가족 내 통제권을 지켜주며, 장기적인 안정성을 확보한다.

프랑스의 대표적인 명품 브랜드 에르메스(Hermès)는 1837년 창업 이래 약 180년 동안 6대에 걸쳐 가족 소유를 유지해온 장수 가족기업이다. 창업자 티에리 에르메스가 수제 안장과 승마복을 제작하며 시작한 에르메스는, 세대를 거치며 가족 구성원이 늘어나고 지분이 분산되자 가족기업으로서의 오너십 유지를 위해 체계적인 지배구조를 설계해야 했다.

에르메스는 100년 이상 소유권의 100%를 가족들이 보유하다가 일부 가족의 요구로 1993년 주식을 일부 상장했다. 그러나 여전히 약 60%의 지분은 가족 소유 지주회사에 속해 있으며, 현재 56명의 가족 구성원이 이를 보유하고 있다. 이 중 6명이 각각 5~10%의 지분을 가진 최대 주주다.

주식을 일부 공개한 이후, 에르메스 가족은 주주협약서를 작성하여 소유권을 가족 내에서 통제하기 위한 규정을 마련했다. 이 협약서에는 주식을 매두하려는 가족은 반드시 가족 내에서만 거래해야 하며, 의결권 있는 주식은 오직 가족 구성원만이 소유할 수 있다는 내용이 포함되어 있다. 또한 이혼으로 가족관계가 종료된 사람은 의결권 있는 주식을 소유할 수 없도록 규정했다. CEO 교체와 같은 주요 정책은 가족주주의 75% 이상의 지지를 받아야 한다는 조건도 명시되었다. 이러한 조치는 가족 간 통제권을 강화하고, 기업의 지속 가능성을 보장하기 위한 제도적 장치다.[5]

이 주주협약서는 법적 효력을 갖도록 작성되었으며, 가족헌장에도 포함되었다. 이를 통해 에르메스는 가문 내에서 기업의 독립성과 통제권을 유지하는 동시에, 가족 간 갈등을 예방하고 기업의 장기적 안정성을 확보할 수 있었다.

일반적으로 주주협약서에는 △주식 매매(외부 매도 금지 및 가족 내부 거래 원칙) △배당 정책 △이사회 구성 및 주주총회 절차 △주식 이전·상속 규정이 포함된다.

일부 가족기업은 가족 구성원이 주식을 매도하려는 경우를 대비해 가족 간 우선매수권을 두거나, 가족 간 거래가 이루어지지 않을 때에는 회사가 직접 매입할 수 있도록 별도의 매입 펀드를 조성하기도 한다. 이러한 장치는 주식을 무조건 매도하지 못하게 막는 규제가 아니라, 가족 내부에서 지분이 우선적으로 거래되도록 유도하는 유연한 장치다.

결론적으로, 주주협약서는 단순한 관리 도구가 아니라 법적 효력을 지닌 핵심 지배구조 장치다. 그러나 법률적 장치만으로는 충분하지 않으며, **가족 간 신뢰와 공동의 가치관**이야말로 그 지속성을 뒷받침하는 핵심적 기반이다. 실제로 주식을 매도할 수 있는 권리를 갖고 있음에도, '가문의 역사와 기업에 대한 정체성, 그리고 가족 유산에 대한 감정적 유대로 인해 매도를 주저하는 경우가 많다.

이처럼 주주협약은 강제적인 규범이 아니라 가족들의 자율적 약속과 행동의 지침으로 작동한다. 이러한 유연한 설계는 법적 안정성과 가족의 결속을 함께 확보함으로써, 기업이 세대를 이어 안정적으로 성장할 수 있는 토대를 마련한다.

이사회를 지배와 견제의
균형점으로 활용하라

가족기업이 세대를 넘어 안정적으로 성장하려면, 의사결정의 균형점을 어디에 두어야 할까? 그 해답은 이사회에 있다.[6] 창업자의 결단이 곧 기업의 운명이던 시기를 지나면, 이제는 오너와 경영자 사이에서 균형을 잡아주는 제도적 장치가 반드시 필요하다. [그림 7-3]은 가족기업에서 이사회가 오너계획과 경영계획 사이의 균형을 잡는 축으로서, 오너와 경영자(CEO) 간 이해관계를 조율하고 기업 운영의 중심을 잡아주는 핵심 기구임을 보여준다.

오너가 제시하는 오너계획(가족 주주들이 합의한 기업의 비전, 장기 목표, 배당 원칙 등)과 CEO가 수립하는 경영계획(연간 사업계획과 예산 등 실행 전략)이 이사회라는 무게추 위에서 만나 조화를 이루어야 한다.

만약 둘 중 어느 한쪽으로 기울면 기업은 흔들리게 마련이다.

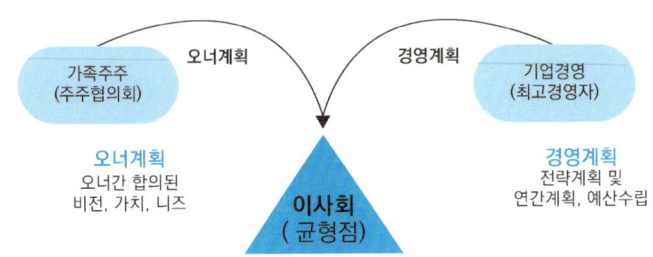

그림 7-3 균형점으로서 이사회의 역할

예컨대, 가족주주들이 주주협의회를 통해 합의한 오너계획을 이사회에 제출하고, CEO가 경영계획을 올리면, 이사회는 두 계획이 충돌하지 않고 함께 실행될 수 있는지를 검토하고 조정해야 한다. 이를 통해 특정 개인의 독단이 아니라, 합의와 절차에 따른 의사결정이 가능해진다. 이사회가 중요한 이유는 단순하다.

- 주주와 경영자의 역할과 책임을 명확히 구분하고,
- 두 축이 충돌할 때 제3자의 시각에서 갈등을 조정하며,
- 모든 의사결정을 객관적이고 투명하게 관리하기 때문이다.

가족기업에서 흔히 발생하는 갈등은 "누가 더 큰 권한을 가져야 하는가."라는 문제에서 비롯된다. 그러나 이사회가 균형점으로 잘 작동하면, 권한 다툼이 아니라 원칙과 절차에 따른 결정이 가능해진다.

대기업은 이를 제도화하여 이사회 의장과 CEO의 분리, 사외이사의 독립성, 전문 위원회 운영과 같은 장치를 갖추고 있다. 중소·비상장 가족 기업이 이를 그대로 도입하기는 어렵지만, 핵심은 형식을 모방하는 것이 아니라 실제로 작동하는 균형 구조를 현실에 맞게 구현하는 데 있다. 예컨 대 소규모라도 외부 이사를 참여시키고, 오너와 CEO의 권한을 명확히 구 분하며, 정기 이사회에서 주요 현안을 논의하는 습관만으로도 큰 변화를 만들 수 있다.

결국, 가족기업이 세대를 잇는 지속성을 확보하기 위해서는 이사회를 중심에 둔 의사결정 구조를 정착시켜야 한다. 이사회는 단순한 관리 기구 가 아니라, 갈등을 줄이고 협력을 촉진하며, 무엇보다 기업을 단기적 이해 관계가 아닌 장기적 비전 위에서 운영하도록 이끄는 균형의 축이다. 오너 와 경영자, 그리고 이사회가 각자의 책임을 다하면서도 균형을 맞춰갈 때, 가족기업은 흔들림 없는 성장의 길을 걸어갈 수 있다.

지배구조의 전문화

가족기업의 경영 환경이 복잡해질수록, 감(感)이나 관계 중심의 운영 만으로는 한계에 부딪힌다. 기업의 공정성과 투명성을 확보하고 상시적 성장을 이루려면, 제도와 원칙이 작동하는 의사결정 체계를 갖추어야 한 다. 이를 위해서는 지배구조의 전문화가 필수적이다.

단순히 창업자의 직관이나 가족 간 합의에만 의존하는 방식은 시간이 지날수록 한계를 드러낸다. 따라서 가족기업은 독립이사회, 자문위원회, 그리고 ESG 기반의 제도적 장치를 상황에 맞게 활용해야 한다. 이러한 장치는 기업의 규모에 따라 적용 방식이 달라질 수 있지만, 공통적으로 기업 운영의 균형을 유지하고 장기적 성장을 지속시키는 핵심 축으로 작동한다.

첫째, 독립이사회

독립이사회란 단순히 가족 구성원만 모여 운영하는 이사회가 아니라, 사외이사 등 외부 전문가를 포함하여 경영진을 감시·견제하고 장기적 방향성을 제시하는 제도적 장치다. 이는 가족기업이 가족 내부의 이해관계만으로는 해결하기 어려운 갈등을 조율하고, 기업 운영을 공정성과 전문성에 기반해 추진하도록 돕는다.

이러한 독립이사회의 중요성을 잘 보여주는 사례가 SC존슨(SC Johnson)이다. 1886년 미국에서 설립된 이 글로벌 생활용품 기업은 현재까지 5세대에 걸쳐 가족경영을 이어오고 있으며, 특히 세대를 이어오면서 독립적인 지배구조를 도입했다. 이사회의 과반수를 사외이사로 구성해, 가족기업 특유의 이해관계 충돌을 제도적으로 보완한 것이다. 현 CEO 새뮤얼 존슨은 회사가 성공할 수 있었던 비결 중 하나는 최고의 사외이사를 보유한 것이라고 강조했다.[8] 그의 말처럼, SC존슨은 독립이사회를 통해 가족의 이해관계에 치우치지 않고, 기업의 장기적 성장을 위한 전략적 결정을 내릴 수 있었다. 견제와 균형이 작동하는 구조가 바로 기업이 130년 넘게 살아남을 수 있었던 이유였다.

둘째, 자문위원회

모든 가족기업이 SC존슨처럼 전문적 이사회를 운영할 수 있는 것은 아니다. 특히 중소기업은 자원과 인력이 제한되어 있어 독립이사회를 구성하고 유지하기가 쉽지 않다. 이런 현실에서 자문위원회는 훌륭한 대안이 될 수 있다. 자문위원회는 공식적인 의결권은 없지만, 특정 분야의 외부 전문가를 초빙해 전문적인 조언을 제공하고 경영진이 더 나은 결정을 내릴 수 있도록 돕는다.

예컨대 해외 진출을 모색하는 가족기업이 국제 시장 전문가를 자문위원으로 초빙한다면 규제나 유통망, 브랜드 전략 등에 대해 가족 내부에서는 얻을 수 없는 정보들 제공받을 수 있다. 기술 개발이나 재부 관리 같은 특정 분야의 전문성을 보완하는 데에도 자문위원회는 유용하다. 무엇보다 가족 내부 이해관계에서 비교적 자유롭기 때문에, 때로는 가족 간 갈등을 중재하는 역할도 할 수 있다. 신뢰할 수 있는 외부 전문가가 참여하는 자문위원회는, 규모와 상관 없이 중소기업의 지속 가능성을 위한 든든한 버팀목이 된다.

셋째, ESG 기반의 지배구조

오늘날 기업 경영에서 ESG(Environmental, Social, Governance)는 더 이상 일시적 유행이 아니라 기업 생존의 필수 조건이 되었다. 특히 가족기업에게 ESG의 핵심은 'G', 즉 지배구조에 있다. 투명한 의사결정과 견제 장치는 내부 갈등을 줄이고, 외부 이해관계자의 신뢰를 높인다. 즉, 전문적인 의사결정 구조는 가족 내부의 협력 문화를 강화할 뿐 아니라, 외부에도 기업의 지속 가능성과 신뢰성을 보여주는 강력한 신호가 된다.

결국 중요한 것은 '대기업 제도의 모방'이 아니라, 현실에 맞게 경량화된 지배구조를 설계하는 일이다. 이러한 접근을 통해 가족기업은 장기적인 신뢰와 경쟁력을 동시에 확보할 수 있다.

지금까지 살펴본 독립이사회, 자문위원회, ESG 기반의 지배구조는 해외 장수기업들의 핵심이다. 그러나 한국 가족기업들은 세대교체 과정에서 지배구조를 제대로 정비하지 못해, 형제자매 간 경영권 분쟁이나 지분 매각 사태로 이어지는 경우가 적지 않다.

오너십이 가족에게 남아 있더라도, 투명성과 견제 장치가 부실하면 기업의 존속 자체가 흔들릴 수 있다. 반대로 지배구조를 일찍이 체계화한 기업은 가족 내부의 신뢰와 시장의 신뢰를 함께 확보하며 장수기업으로 성장한다.

결국 전문적 지배구조의 확립은 가족기업의 미래를 지속적으로 이끌어갈 책임의 기반을 세우는 일이다.

Chapter 08

상속계획 :

세금계획(Tax Planning)과 자산이전 전략을 실행하라

01

상속과 증여,
사전 준비가 핵심이다

우리나라의 수많은 중소기업 경영자들은 30년, 40년 동안 기업을 이끌며 산업화의 주역으로 활약해왔다. 그러나 이제 이들 대부분은 60~70대에 접어들었다. 중소기업중앙회의 조사에 따르면, 업력 30년 이상인 중소기업 대표자의 81%가 60세 이상이며, 그중 76%는 가업승계를 가로막는 가장 큰 걸림돌로 '막대한 조세 부담'을 꼽았다.

이유는 간단하다. 현행 세법상 상속이나 증여의 경우, 과세표준이 30억 원을 넘으면 최고 50%의 세율이 적용된다. 말 그대로 "절반을 세금으로 내야 한다."는 이야기다. 물론 가업승계를 위한 특례제도가 마련되어 있지만, 요건이 까다로워 실제로 이를 온전히 활용하기는 쉽지 않다. 그 결과 많은 기업이 상속세나 증여세 부담으로 지분이 분산되고, 가족 간 갈등이나 경영권 분쟁을 겪는 사례가 발생한다.

세무사나 회계사의 도움을 받더라도, 규모가 큰 기업일수록 세법의 장벽은 높고 공제 요건은 복잡하다. 그 과정에서 전문가조차 한계에 부딪히는 상황이 반복되는 현실에서, 가업승계는 더 이상 단순한 '절세의 기술' 차원이 아니라 기업의 생존 전략이자 가족의 공동과제로 다뤄야 한다.

물론 정부의 세제 지원 확대도 중요하지만 더 본질적으로는 경영자와 가족 스스로의 준비가 필요하다. 단순히 "세무사에게 맡기면 되겠지."라는 안일한 태도로는 해결이 어렵다. 가족마다 상황이 다르고, 경영자의 철학과 의지도 다르다. 따라서 경영자 자신이 기본적인 상속·증여 지식을 이해하고 있어야 전문가와의 협력이 제대로 효과를 발휘한다.

이 장에서는 바로 그 기초를 짚어보려 한다. 상속과 증여의 기본 개념, 세금 계산의 큰 흐름, 공제제도의 실제 활용법 등 경영자가 꼭 알아야 할 필수 지식들이 바로 그것이다. 어렵게 들릴 수도 있지만, 경영의 연장선상에서 차근차근 준비한다면 가업승계는 충분히 관리 가능한 과제가 된다. 지금부터 그 여정을 함께 시작해 보자.

상속·증여세 기본개념

누구나 자신이 평생을 바쳐 일군 기업을 후세에 안정적으로 물려주고 싶어 한다. 가업승계 과정에서 반드시 이해해야 할 핵심 세목이 바로 상속세와 증여세다.

상속은 말 그대로 재산을 가진 사람이 세상을 떠나면서, 그 권리와 의무가 법에 따라 상속인에게 자동으로 넘어가는 것을 뜻한다. 별도의 계약이 없어도 민법과 세법이 정한 절차에 따라 상속이 진행된다.

반면 증여는 살아 있는 동안 재산을 미리 물려주는 방식이다. 대가 없이 가족이나 제3자에게 재산을 이전하는 것으로, 증여자는 주고 받는 사람 사이의 계약을 통해 재산을 이전한다. 즉, 상속은 사후에 일어나는 법적 절차이고, 증여는 생전에 본인의 의지로 선택할 수 있는 방법이다.

문제는 세율 구조다. 우리나라의 상속·증여세는 [표 8-1]에서 보듯 세계적으로도 가장 높은 수준에 속한다. 모든 세목 가운데 최고 수준의 세율이 적용되나 보니, 기업을 승계하려는 경영자늘에게는 큰 부담으로 다가온다. 다행히 최근에는 과세표준 구간을 조정해 세 부담을 완화하려는 개정안이 논의되고 있다. 만약 이 개정안이 통과된다면 최고세율이 적용되는 기준선이 높아져 일부 기업의 상속세 부담이 한층 가벼워질 것이다.

표 8-1 상속·증여세 최고세율 및 과세표준

과세표준	세율	누진공제
1억 원 이하	10%	-
1억 원 초과 5억 원 이하	20%	1천만 원
5억 원 초과 10억 원 이하	30%	6천만 원
10억 원 초과 30억 원 이하	40%	1억6천만 원
30억 원 초과	50%	4억6천만 원

그렇다면 실세로 어느 정도의 세금이 발생할까?

예를 들어, 한 기업의 평가액이 100억 원이라고 가정해 보자. 가준 공제 혜택을 적용한다고 해도 과세표준이 70억 원 수준이라면, 최고 50% 세율이 적용되고 누진공제를 제외하더라도 약 30억 원에 달하는 상속세를 부담해야 한다. 만약 현금으로 납부할 자금이 없다면, 보유 주식이나 자산을 매각해야 하는 상황에 직면할 수 있다. 이 과정에서 지분이 분산되거나 경영권을 위협받는 사례가 실제로 발생한다.

이처럼 상속과 증여는 단순히 '재산을 넘겨준다'는 차원을 넘어, 기업의 존속에 직접적인 영향을 미친다. 따라서 제도의 이해와 함께 장기적인 자금 계획까지 준비하는 것이 가업승계의 핵심이라 할 수 있다.

상속세와 증여세의 과세방식 차이

상속세와 증여세는 세율 자체는 동일하다. 그러나 과세 방식에는 중요한 차이가 있다. 우리나라의 상속세는 '유산세 방식'을 따르며, 증여세는 수증자별로 과세하는 '유산취득세 방식'을 따른다. 말만 들어서는 다소 생소하게 느껴질 수 있다. 그러니 하나의 사례를 통해 비교해 보자.

다음 사례는 세부 공제항목이나 감면 규정을 제외하고, 상속세와 증여세의 과세방식 차이를 단순히 비교하기 위한 예시이다.

예를 들어 아버지가 30억 원의 재산을 세 자녀에게 각각 10억 원씩 이전한다고 가정해 보자.

- **상속세(유산세 방식)**: 상속세는 피상속인의 전체 재산을 합산해 과세한다. 즉, 총 30억 원에 세율을 적용한다.
  - → 30억 원 × 50% = 15억 원
  - → 누진공제 4억 6,000만 원 차감 후 총 상속세: 10억 4,000만 원

- **증여세(유산취득세 방식)**: 증여세는 자녀 각각이 받은 금액을 기준으로 별도로 계산한다.
  - → (10억 원 × 30%) - 누진공제 6,000만 원 = 2억 4,000만 원
  - → 세 자녀가 각각 2억 4,000만 원씩 부담해 총 증여세: 7억 2,000만 원

즉, 같은 금액을 이전하더라도 증여를 활용하면 상속 대비 약 3억 2,000만 원의 절세 효과가 발생한다. 하지만 가업승계의 경우 절세보다 중요한 것은 '기업을 온전히 이어가는 것'이다. 따라서 증여만으로 절세를 꾀하기보다는, **가업상속공제나 증여세 과세특례 제도와 병행하여 종합적으로 설계하는 것이 훨씬 유리하다.** 더 나아가 정부는 상속세를 현행 '유산세 방식'에서 '유산취득세 방식'으로 전환하는 방안을 검토 중이며, 2028년 이후 시행될 가능성이 있다. 이렇게 되면 상속세도 증여세처럼 상속인이 실제 취득한 재산을 기준으로 과세하게 되어, 가업승계 전략에도 변화가 예상된다.

상속의 순위

상속이 개시되면 법이 정한 순위에 따라 상속재산이 분배된다. [표 8-2]와 같이 1순위 상속인은 직계비속(자녀)과 배우자이며, 이들이 함께 상속권을 가진다. 태아 역시 이미 출생한 것으로 보아 상속권이 인정된다. 자녀가 사망한 경우에는 그 자녀의 자녀, 즉 손자녀가 대신 상속받는데, 이를 **대습상속**이라고 한다.

만약 자녀가 없을 경우, 배우자는 부모나 조부모 등 직계존속과 함께 상속권을 가진다. 직계존속이 없으면 배우자가 단독으로 상속하고, 그마저도 없을 때는 형제자매나 4촌 이내의 방계혈족이 상속인이 된다.

표 8-2 상속의 순위

순위	상속인
1순위	직계비속(자녀) + 배우자
2순위	직계존속(부모) + 배우자
3순위	형제자매
4순위	4촌 이내의 방계혈족

배우자가 공동상속인일 때는 상속 지분이 조금 더 높게 책정된다. 예를 들어 배우자와 자녀 두 명이 공동상속인이라면, 배우자는 각 자녀보다 1.5배 많은 지분을 가진다. 이 경우 배우자는 전체의 3/7, 자녀는 각각 2/7씩 상속받는다. 반대로 배우자 없이 자녀만 있는 경우에는 자녀들이 똑같이 나누어 가진다.

최근에는 고령화와 1인 가구 증가 등 사회 변화를 반영해 배우자의 상속분을 더 늘리자는 입법 논의도 이어지고 있다. 따라서 현행 제도를 기준으로 준비하되, 제도의 변화 가능성도 함께 염두에 두는 것이 바람직하다.

재산분할의 3가지 방식

가업을 승계하는 과정에서 상속재산을 어떻게 나누느냐는 단순한 분배 문제가 아니다. 이는 기업의 소유 구조와 경영권의 안정성, 나아가 기업의 지속성에 직접적인 영향을 미친다. 잘못된 분할은 경영권을 분산시키고 가족 간 갈등을 불러와 기업을 위기에 빠뜨릴 수 있다. 반대로 현명한 분할은 후계자의 리더십을 강화하고 가족 간 신뢰를 형성해 기업이 다음 세대로 무사히 이어지도록 만든다.

상속재산 분할 방식은 크게 세 가지로 구분된다. **지정분할, 협의분할, 법원분할**이 그것이다. 각각의 방식은 장단점이 뚜렷하며, 선택에 따라 기업의 미래가 달라질 수 있다.

1) 지성문할 – 유언에 따른 문할

피상속인이 생전에 **유언을 통해 상속재산의 분배** 방식을 직접 정하는 것을 지정분할이라고 한다. 피상속인은 유언을 통해 특정 재산의 귀속을 명확히 지정할 수 있으며, 필요하다면 그 권한을 제3자에게 위탁하는 것도 가능하다. 또한, 공동상속인 간 불필요한 다툼을 방지하기 위해 최대 5년 간 상속재산의 분할을 금지하는 유언을 남길 수도 있다. 이는 가업과 같이 장기적인 안정이 필요한 자산의 경우 의미가 크다.

다만, 유언의 효력에는 한계가 있다. 법이 보장하는 유류분 제도(법정 상속인의 최소 상속지분을 보장하는 제도) 때문에, 특정 상속인에게 과도 하게 재산이 몰리면 다른 상속인이 소송을 제기할 수 있다. 따라서 가업승 계를 목적으로 유언장을 작성할 때는 반드시 전문가의 도움을 받아 리스 크를 최소화하는 것이 필요하다.

2) 협의분할 – 상속인들의 합의에 따른 분할

피상속인이 유언을 남기지 않은 경우, 상속인들은 서로 협의하여 재산 을 나눌 수 있다. 법정상속분을 기준으로 하되, 모든 상속인이 동의하면 다른 방식으로도 분할이 가능하다. 예를 들어, 장남이 주식을, 차남이 부 동산을 받는 식의 조정이 이루어질 수 있다.

그러나 협의분할은 **모든 상속인의 전원 동의**가 필요하기 때문에, 한 사 람이라도 반대하면 합의가 무산된다. 가업승계를 고려한다면 후계자가 다 른 상속인들에게 합리적인 보상을 제시해 갈등을 줄이고, 원만한 합의를 이끌어내는 것이 무엇보다 중요하다.

3) 법원분할 – 협의가 이루어지지 않을 때

만약 상속인들 사이에 합의가 이루어지지 않으면, 법원의 판단에 따라 분할이 진행된다. 이때는 민법이 정한 **법정상속분**에 따라 재산이 나누어진다. 하지만 법원분할은 상속인의 의사와 무관하게 진행되므로, 가업승계에는 치명적일 수 있다. 가업 주식이 여러 상속인에게 분산되면 경영권이 약화되고, 소송 과정에서 가족 간 갈등도 심화될 수 있다. 따라서 법원분할은 가업승계 기업이 반드시 피해야 할 **마지막 선택지**다.

결국 가업승계를 준비하는 경영자라면 유언장을 통해 후계 구도를 명확히 하고, 사전 증여나 지분 조정을 통해 미리 경영권을 안정시키는 것이 바람직하다. 반면 법원분할은 경영권 분산과 가족 갈등을 초래할 수 있으므로 피해야 한다.

02

세금계획(Tax Planning):
상속·증여세 절세전략

많은 경영자들은 상속 이야기를 꺼내는 것 자체를 부담스러워한다. 젊고 건강할 때는 아직 먼 일이라 생각하고, 나이가 들면 복잡하고 가족 간 갈등이 생길까 두려워 말을 아낀다. 그러나 예기치 못한 상황이 닥치면 미리 준비하지 못한 것을 후회하게 된다. 그때는 이미 시간이 부족해 효과적인 절세 전략을 세우기 어렵고, 결국 막대한 상속세로 경영권이 흔들리거나 회사를 잃는 경우도 생긴다.

따라서 세금 부담을 줄이고 안정적인 승계를 이루기 위해서는 사전적이고 체계적인 세금계획(Tax Planning)이 필수적이다. 이를 위해 가장 먼저 해야 할 일은 상속세와 증여세의 구조를 정확히 이해하는 것이다. 상속세와 증여세의 기본 계산 방식은 [그림 8-1]와 같다.

그림 8-1 상속세 및 증여세 계산구조

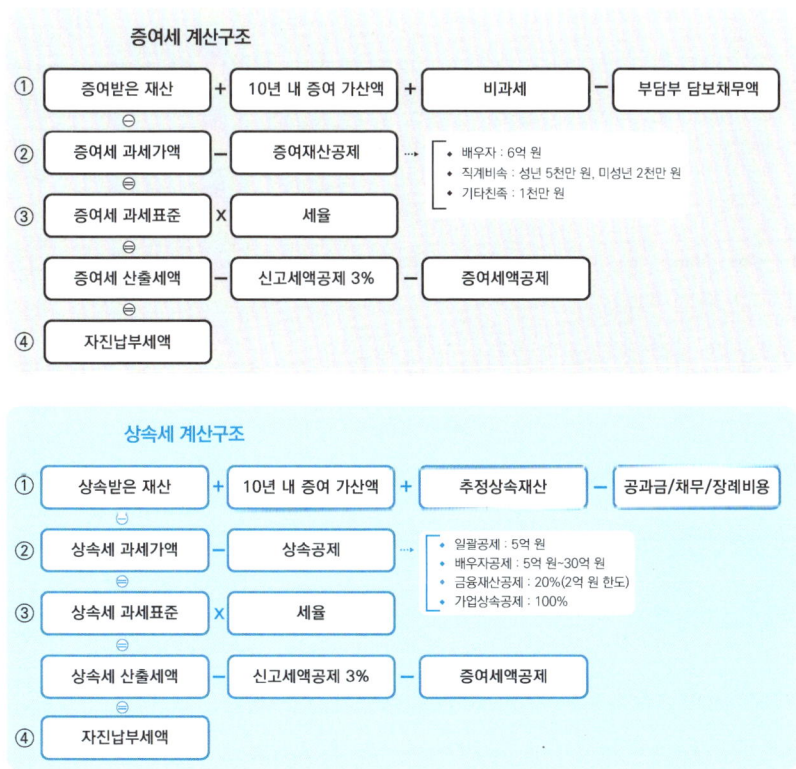

세금계획(Tax Planning)의 핵심 목표는 2가지로 요약할 수 있다.

첫째, 세금 부담 최소화

상속·증여세 부담을 줄이려면 재산가액①을 가능한 낮추고, 법에서 인정하는 각종 공제②를 적극적으로 활용해 과세표준③을 줄이는 것이 중요하다. 이를 위해 증여·상속의 시기를 전략적으로 조정하여 가능한 한 낮은 세율이 적용되도록 해야 한다.

둘째, 상속세 납부재원 마련

상속세④를 낼 자금이 준비되지 않으면 주식이나 자산을 처분해야 하고, 이는 곧 경영권 약화로 이어질 수 있다. 따라서 기업의 재무구조를 고려해 납부재원을 미리 준비하는 것이 필수적이다.

정부는 가업승계를 돕기 위해 **가업상속공제**와 **가업승계 증여세 과세특례** 같은 세제 혜택을 운영하고 있다. 이 제도들을 활용하면 일반적인 누진세율에 비해 훨씬 유리한 조건으로 승계를 진행할 수 있다. 다만 요건이 까다롭기 때문에 사전에 충분한 검토가 필요하다.

세제특례 제도는 뒤에서 자세히 살펴보겠지만, 여기서 강조하고 싶은 점은 한 가지다. 특례를 잘 활용하면 세금 부담을 크게 줄일 수 있지만, 준비 없이 접근하면 오히려 문제가 생길 수 있다는 것이다. 따라서 기업의 상황과 승계 일정을 고려해 장기적인 계획을 세우는 것이 무엇보다 중요하다.

절세의 핵심은 조기 증여다

가업승계를 준비하는 데 있어 가장 중요한 과제는 상속·증여세 부담을 줄이는 일이다. 그러나 단기간에 세금을 크게 줄이는 것은 사실상 불가능하다. 그렇기 때문에 전문가들은 중장기적인 세금계획을 강조하며, 그 핵심 전략으로 조기 증여를 꼽는다.

조기 증여의 효과는 크게 네 가지다.

첫째, 자산 가치 상승 전에 증여하면 절세 효과가 크다.

자산은 시간이 지날수록 가치가 오르는 경우가 많다. 지금 1억 원을 증여하면 증여세는 수백만 원에 불과하다. 그러나 10년 뒤 같은 자산이 2억 원으로 불어나 상속재산에 합산되고, 그 결과 최고세율 50% 구간이 적용되는 경우에는 상속세 부담이 최대 1억 원으로 늘어날 수 있다. 따라서 자산 가치가 오르기 전에 미리 증여하는 것이 수천만 원에서 수억 원에 이르는 세금을 줄이는 가장 직접적이고 확실한 방법이다.

둘째, 증여를 활용하면 상속세 납부재원을 마련할 수 있다.

현금이나 임대수익이 발생하는 부동산을 미리 증여하면, 수증자는 그 자산에서 나오는 수익을 상속세 납부 재원으로 활용할 수 있다. 예컨대 임대부동산에서 발생하는 임대료로 세금을 내거나, 해당 수익을 기반으로 생명보험에 가입해 장래 상속세 재원을 준비하는 방식이다. 배당이 안정적인 주식이나 임대부동산이 대표적인 사례다.

셋째, 사전 증여는 상속세 합산 대상에서 제외된다.

상속 개시 전 10년 이내의 증여는 상속재산에 포함되지만, 그 이전에 증여한 자산은 제외된다. 따라서 미리 증여할수록 상속세 부담이 줄어든다.

넷째, 증여공제를 활용할 수 있다.

증여는 10년 단위로 배우자 6억 원, 자녀 5천만 원까지 공제가 가능하다. 이를 적극적으로 활용하면 증여세를 줄이고 상속재산 규모도 낮출 수 있다.

실제 사례에서도, 한 중견기업 창업자는 회사가 중소기업일 때 전체 지분의 70% 정도를 미리 자녀들에게 증여했다. 이후 회사가 크게 성장했지만 이미 후계자가 충분한 지분을 확보했기에 상속세 부담 없이 경영과 성장에 집중할 수 있었다. 그는 "세금은 시간이 지날수록 비싸진다. 회사를 키울 계획이라면 지금 내는 세금이 가장 저렴한 세금이다."라고 말했다.

이처럼 사전 증여는 단순한 절세 수단이 아니다. 이는 가업승계를 안정적으로 설계하고 기업의 미래를 위한 경영 기반을 미리 다지는 전략이다. 다만, 자녀에게 너무 이른 시기에 통제권이 넘어가는 것에 대한 우려도 존재한다. 이럴 때는 의결권 신탁 등과 같은 제도를 활용해 경영자가 일정 기간 경영권을 유지하는 방법도 가능하다. 다만 이런 장치는 절차가 복잡하므로 반드시 전문가의 자문이 필요하다. 따라서 법적 장치와 세금 계획을 함께 세워 신중히 실행하는 것이 바람직하다.

주식가치를 낮출 때 절세 효과가 커진다

상속이나 증여에서 세금 부담을 좌우하는 가장 중요한 요소는 주식 평가액이다. 상장회사의 경우 증여일 전·후 2개월간의 평균 시가를 기준으로 삼기 때문에, 주가가 낮을 때 증여하는 것이 절세에 유리하다. 실제로 한 대기업 오너가 증여 직후 주가가 급락하자, 세법상 허용되는 기간 내에 증여를 취소하고 다시 낮은 가격에 증여해 세금을 크게 줄인 사례도 있었다.

반면 비상장회사는 시장가격이 없기 때문에 세법에서 정한 **보충적 평가방법**을 따른다. 이는 회사의 **순자산가치와 최근 3년간의 순손익가치를 2:3 비율로 가중평균해 산정한다.** 다만, 이렇게 계산된 금액이 순자산가치의

80%보다 낮으면 최소한 그 수준으로 보정된다. 결국 회사의 재무구조와 이익 규모에 따라 주식가치가 크게 달라지고, 이는 곧 상속·증여세 부담으로 이어진다. 따라서 비상장주식의 평가액이 불필요하게 높아지지 않도록 장기적 관점에서 전략적으로 관리하는 것이 필요하다.

• 순자산가치를 낮추는 방법

배당을 실시하여 자본을 줄인다.

부실채권을 정리하거나 불필요한 재고자산을 처분한다.

건물·설비 등 유형자산의 감가상각을 앞당겨 장부상 자산 가치를 낮춘다.

부동산 가치가 과대평가되었다면 감정평가를 통해 적정 가격으로 조정한다.

• 순손익가치를 낮추는 방법

매출 귀속 시점을 조정해 순이익을 분산한다.

세법 허용 범위 내에서 감가상각을 조정하여 비용을 증가시킨다.

퇴직연금 가입이나 특별상여금 지급을 통해 인건비 비용을 늘린다.

손익 변동성이 큰 사업 부문을 분할·합병해 수익성을 조정한다.

합법적인 절세는 가능하지만, 과도한 활용은 금융 신뢰도 하락과 세무조사 위험을 초래할 수 있다. 따라서 세법과 회계 기준을 준수하며 전문가와 상의해 장기적 관점에서 추진해야 한다. 절세 전략은 단순한 세금 절감이 아니라, 기업과 가족의 지속 가능성을 함께 고려한 성숙한 선택이어야 한다.

03

상속 분쟁을 막는 가장
확실한 준비

드라마에서는 종종 아버지가 말썽 많은 자녀에게 "너에겐 한 푼도 안 줄 거야."라고 말하며 상속에서 제외하려는 장면이 나온다. 실제로 가업을 잇는 자녀에게만 재산을 몰아주려는 상속계획은 현실에서도 흔히 벌어진다. 하지만 상속인 중 누군가 그 결정을 받아들이지 않는다면, 이러한 계획은 법정 분쟁으로 번질 수 있다.

몇 해 전, 한 중소기업 창업자의 갑작스러운 사망 이후 그의 딸이 어머니와 오빠를 상대로 유류분 반환청구 소송을 제기한 사건이 신문에 보도된 바 있다. 창업자의 배우자는 사업 초기부터 함께해 온 동반자였고, 남편 사후에는 대표직을 맡으며 아들을 후계자로 육성했다. 딸은 고등학생이었는데, 당시에는 딸이 회사에 관여하지 않을 것으로 판단해 지분을 상속하지 않았다. 그러나 딸이 성인이 되어 자신의 지분이 없다는 사실을 알게 되자 유류분을 주장하며 소송을 제기하였다.

최근 부모가 생전에 자녀에게 재산을 증여하는 사례가 늘고 있다. 그러나 후계자가 될 자녀에게 집중적으로 재산을 이전하는 경우, 나머지 자녀들과의 갈등이 불거질 수 있다. 많은 부모들이 "우리 가족은 괜찮을 거야."라고 믿지만, 상속 분쟁은 누구에게나 일어날 수 있다. 실제로 대법원 자료에 따르면 유류분 반환청구 소송은 매년 20~30%씩 증가하고 있으며, 상속 분쟁이 기업 경영에까지 영향을 미치는 사례도 적지 않다.

상속계획에 유류분 고려는 필수

경영권 승계를 위해 지분을 특정인에게 집중시키는 경우, 유류분 침해로 인한 법적 분쟁이 발생할 수 있다. 따라서 상속계획 수립 시에는 유류분을 포함한 상속인의 권리를 면밀히 고려해야 한다.

자녀와 배우자는 법정상속분의 2분의 1, 부모와 형제자매는 3분의 1의 유류분을 보장받는다. 단, 유류분은 상속 순위에 따라 인정되므로, 자녀나 배우자가 있으면 부모나 형제자매는 유류분을 주장할 수 없다.

예를 들어, 한 중소기업의 사장은 배우자와 1남 2녀를 두었다. 아들은 회사에 입사해 부사장으로 후계수업을 받았고, 두 딸은 각각 전업주부와 전문직 종사자였다. 사망 전 그는 유언장을 남겨 [표 8-3]과 같이 아들에게 40억 원(30억 원 주식 + 10억 원 현금), 배우자에게 현금 40억 원, 두 딸에게 각각 현금 5억 원을 상속한다고 명시했다. 총 상속재산은 90억 원이었고, 법정상속분에 따르면 배우자는 30억 원, 자녀들은 각각 20억 원을 상속받을 수 있었다. 유류분 기준에 따르면, 두 딸은 각각 법적상속분의 50%인 10억 원을 보장받아야 했지만 실제 받은 금액은 5억 원에 불과하므로, 부족한 5억 원의 유류분은 아들과 배우자가 각자의 상속 비율에 따라 분담해야 하며, 법적으로 공동 반환 의무를 진다.

표 8-3 법정상속분과 유류분의 계산

상속인	상속비율	유언 상속분	법정상속분	유류분(50%)
배우자	3/9	40억 원	30억 원	없음
자녀 1(아들)	2/9	40억 원	20억 원	없음
자녀 2(딸)	2/9	5억 원	20억 원	10억 원
자녀 3(딸)	2/9	5억 원	20억 원	10억 원

이처럼 유언장이 있다 하더라도 유류분을 침해할 경우 상속 분쟁이 발생할 수 있다. 유류분 반환청구 소송은 단순한 민사 소송이 아니라 가족 간의 갈등이 법정 다툼으로 번지는 계기가 된다. 실제 소송이 제기되면 유류분 권리자는 가처분 신청이나 강제집행 등을 통해 상대방 재산을 법적으로 압박할 수 있고, 이로 인해 가족관계에 회복하기 어려운 균열이 생길 수 있다. 특히 가업승계 과정에서 발생한 상속 분쟁은 기업 운영에도 악영향을 끼치며, 경우에 따라 기업의 존속을 위협하는 상황으로 이어질 수 있다. 따라서 유언장을 작성할 때 유류분을 반드시 고려하고, 가족 간 충분한 소통을 통해 상속 계획을 세워야 한다.

유언장을 준비하라

상속이 개시되면 상속인들은 슬퍼할 겨를도 없이 6개월 안에 상속세를 신고·납부해야 하고, 동시에 재산 분배 문제까지 해결해야 한다. 이 과정에서 가족들은 큰 정신적·경제적 부담을 겪게 된다. 이러한 혼란을 줄이기 위해서는 유언장을 미리 준비하는 것이 가장 확실한 방법이다. 실제로 유언장을 작성하는 경영자들이 점차 늘고 있으며, 우리나라에서도 그 필요성에 대한 인식이 확산되고 있다.

법정상속에 따를 경우 유언장이 반드시 필요한 것은 아니다. 그러나 예기치 못한 사고나 질병으로 갑자스럽게 상속이 개시되거나 기업승계 과정에서 특성 상속인에게 경영권을 집중시키고자 한다면, 유언장을 통해 본인의 의사를 명확히 남기는 것이 바람직하다. 다만, 유언장은 민법에서 정한 범위 내에서만 효력이 인정되며, 그 외의 사항은 법적 구속력을 갖지 못한다.

민법에서 인정하는 유언장으로 가능한 법정 사항은 다음과 같다.

- **친생부인**: 자녀가 친자가 아님을 인정하거나 부인할 수 있으며, 해당 자녀는 상속권을 상실한다.
- **인지**: 혼인 외 자녀를 본인의 자녀로 인정할 수 있다.
- **후견인 지정**: 미성년자나 제한능력자 상속인을 위한 후견인을 지정할 수 있다.
- **상속재산 분할금지**: 최대 5년간 상속재산 분할을 제한할 수 있다.
- **유인집행자 지정**: 유언의 집행늘 책임질 사람을 정할 수 있다.

- **재단법인 설립:** 유산을 활용해 재단을 설립할 수 있다.

- **유증:** 특정인에게 재산을 증여할 수 있다.

- **신탁:** 재산권 관리처분을 제3자에게 위임할 수 있다.

- **사후의사결정권:** 장례주관자 등 사후에 필요한 결정을 위임할 수 있다.

유언장은 작성 방식에 따라 효력이 결정되며, 민법은 다섯 가지 방식을 규정하고 있다.

- **자필증서 유언** : 유언자가 직접 유언내용, 주소, 성명, 연월일을 자필로 쓰고 날인해야 하며, 하나라도 빠지면 무효가 된다.

- **녹음 유언** : 유언자가 육성으로 유언의 취지와 이름, 연월일을 남기고 2명의 증인이 정확성을 확인해야 한다.

- **공정증서 유언** : 증인 2명을 대동해 공증인 앞에서 구술하고, 공증인이 이를 기록한 뒤 유언자와 증인이 서명·날인한다.

- **비밀증서 유언** : 유언자가 봉인된 유언서를 증인 앞에서 제출하고, 공증인의 인증을 받아 보관하는 형식이다.

- **구수증서 유언** : 질병 등 급박한 상황에서 말로 유언하고, 2명의 증인이 이를 받아적고 승인해야 한다. 작성 후 7일 이내에 법원에 검인을 받아야 효력이 유지된다.

아래 [표 8-4]는 각 유언 방식의 핵심 요건을 정리한 표이다.

표 8-4 유언방식에 따른 핵심요건

유언 방식	핵심 요건 요약
자필증서 유언	자필로 작성 + 연월일, 성명, 주소, 날인 필요
녹음 유언	유언자 구술 + 2명 증인 확인
공정증서 유언	공증인 앞 유언 + 유언자·2명 증인 서명·날인
비밀증서 유언	봉인된 유언서 제출 + 증인 확인 + 공증기관 등록
구수증서 유언	급박 상황 구술 + 증인 2인 확인

실제 상속 분쟁 사례를 보면, 유언장이 있었음에도 불구하고 법적 형식을 갖추지 않아 무효로 판정된 경우가 적지 않다. 특히 자필증서 유언이 경우, 전문·연월일·주소·성명을 모두 자필로 작성하고 날인해야 하며, 하나라도 빠지면 전체가 무효가 된다. 이러한 오류를 방지하기 위해서는 법적 요건이 명확히 보장되는 공정증서 유언 방식을 활용하는 것이 가장 안전하다.

또한 유언장은 한 번 작성했다고 해서 영원히 고정되는 것이 아니다. 경영 환경의 변화, 가족 구성원의 상황, 혹은 본인의 의사가 달라지면 언제든 새로운 유언장을 작성해 기존 내용을 변경하거나 철회할 수 있다.

유언장은 남겨진 가족에게 창업자의 철학과 뜻을 전달하고, 가업의 지속성을 보장하는 도구다. 많은 경영자가 "나는 아직 건강하다."거나 "우리 가족은 문제 없다."고 믿지만, 현실에서는 예기치 못한 사고와 감정의 충돌로 분쟁이 발생하는 경우가 많다.

유언장은 단순한 재산 분배 문서가 아니라, 가족에게 남기는 마지막 메시지이자 경영자의 책임이다.

04

상속·증여 공제제도를
전략적으로 활용하라

상속 과정에서 가장 큰 부담은 역시 세금이다. 이러한 부담을 완화하고 안정적인 승계를 돕기 위해 마련된 것이 바로 가업승계 관련 공제제도다.

대표적인 제도로는 가업상속공제와 가업승계 증여세 과세특례가 있다. 이 두 제도는 중소기업과 매출액 3천억 원 미만의 중견기업을 대상으로 적용되며, 가업을 안정적으로 다음 세대로 이전할 수 있도록 세 부담을 크게 완화해 준다. 적절히 활용하면 상속·증여세 부담을 획기적으로 줄일 수 있지만, 사전에 충분한 준비와 체계적인 관리가 뒤따르지 않으면 오히려 혜택을 받지 못하는 경우도 많다.

이들 제도는 단순히 신청만으로 적용되지 않는다. 사전 요건과 사후관리 요건을 모두 충족해야 하며, 이를 갖추기 위해서는 장기간의 준비와 철저한 계획이 필요하다. 따라서 경영자는 지금부터라도 각 제도의 구조와 요건을 명확히 이해하고, 가업의 규모와 승계 시점을 고려한 장기적 세금 전략 속에서 활용해야 한다.

이 절에서는 가업상속공제와 가업승계 증여세 과세특례를 중심으로, 창업자금 증여세 과세특례의 주요 내용과 핵심 요건, 그리고 전략적 활용 방안까지 함께 살펴본다.

가업상속공제의 적용 요건

가업상속공제는 상속세 부담을 크게 줄일 수 있는 강력한 절세 장치지만, 이 또한 자동으로 적용받을 수는 없다. 법에서 정한 요건 중 하나라도 충족하지 못하면 공제 혜택 전체가 무효가 될 수 있기 때문에, 사전에 꼼꼼한 준비가 필요하다.

요건은 크게 네 가지 범주로 나뉜다. **피상속인 요건**은 창업자가 얼마나 오랫동안 회사를 이끌어왔는지를, **상속인 요건**은 후계자의 연령·경력·직위 등을, **가업 요건**은 실제로 사업에 쓰이는 자산의 범위를, **사후관리 요건**은 상속 후 일정 기간 동안 기업이 고용과 업종을 유지하는지를 따진다.

[그림 8-2]는 이러한 네 가지 요건과 적용 절차를 한눈에 정리한 것이다.

그림 8-2 가업상속공제 절차 및 요건 요약도

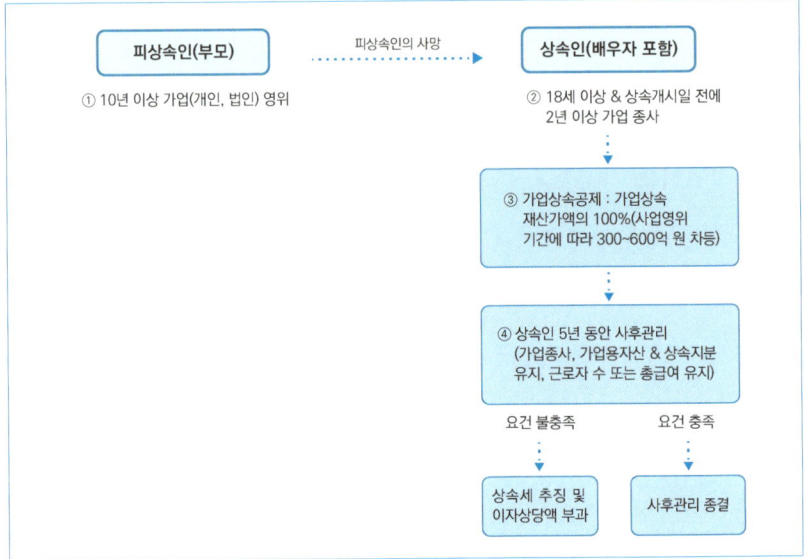

① 피상속인 요건

- 10년 이상 계속하여 가업을 영위

- 최대주주로 특수관계인 주식을 합해 발행주식 총수의 40%(상장기업 20%)
  보유

- 대표이사 요건: 아래 3가지 중 하나 이상 충족(재직기간 요건)

  (1) 가업영위기간 중 50% 이상 대표이사로 재직

  (2) 상속 개시로 소급하여 10년 중 5년 이상의 기간

  (3) 10년 이상 재직 후 상속인이 승계하여 상속개시일까지 재직

② 상속인 요건

 - 상속개시일 현재 18세 이상의 거주자

 - 상속개시일 직전 2년 이상 가업에 종사할 것(피상속인이 65세 이전 사망시 또는 천재지변 및 인재 등으로 사망 시 예외)

 - 상속세 신고기한까지 임원으로 취임하고, 신고기한부터 2년 이내 대표이사 취임

 - 다수의 자녀가 가업상속공제 상속인 요건을 갖춘 경우 공동상속 허용

 - 상속인의 배우자(사위 및 며느리)가 상속인 요건을 갖춘 경우 요건 충족으로 봄.

③ 가업상속공제

 - 피상속인의 가업 계속 영위기간에 따라 차등 공제

가업영위기간	공제한도액
10년 이상 ~ 20년 미만	300억 원
20년 이상 ~30년 미만	400억 원
30년 이상	600억 원

 - 사업무관 자산에 대해서는 일반 상속세 적용

④ 사후관리

가업상속공제를 적용받았니 미니니도 가업상속인이 상속개시 이후에 정낭한 시유 없이 아래의 세법에서 징한 사후의무요건을 정낭한 사유 없이 이행하지 않는 경우 공제 취소 및 추징(이자 포함)될 수 있다.

 - 사후관리기간 : 5년

 - 가업종사 · 해당 상속인이 가업에 종사

- 지분 유지 : 해당 상속인의 지분이 감소하지 않아야 함.

- 가업 유지 : 상속 후 5년간 가업용 자산의 40% 이상 처분 금지, 1년 이상 해당 가업을 휴업하거나 폐업하지 않고 주된 업종을 변경하지 않아야 함. 단, 대분류 내에서 업종 변경 가능

- 고용 확대 : 5년간 정규직 근로자수 평균 90% 또는 총급여액 평균 90% 이상 유지

연부연납은 상속세나 증여세 부담을 완화하기 위해 세금을 여러 해에 걸쳐 분할 납부할 수 있도록 한 제도다. 일반적으로 상속세는 최대 10년, 증여세는 최대 5년간 분할 납부할 수 있다.

그러나 가업상속공제나 가업승계 증여세 과세특례를 적용받는 경우, [표 8-5]에서 보듯 가업상속재산은 거치기간을 포함해 최대 20년, 가업승계 증여세 과세특례 적용분은 최대 15년까지 분할 납부가 가능하다. 단, 분할 납부 기간 동안에는 법정 이자를 납부해야 한다.

표 8-5 연부연납기간

구 분		연부연납 기간
가업상속특례 적용 시	특례 적용한 상속재산	50% 미만, 10년 분할납부(7년 거치 가능)
		50% 이상, 20년 분할납부(15년 거치 가능)
	증여재산	15년간 분할납부(거치 불가능)
일반 상속·증여	상속재산	10년간 분할납부(거치 불가능)
	증여재산	5년 분할납부(거치 불가능)

사업무관자산 관리가 절세의 출발점이다

가업상속공제는 피상속인이 보유한 모든 자산이 공제 대상이 되는 것은 아니며, 실제 사업에 쓰일 때만 적용된다. 즉, 사업과 무관한 자산은 공제에서 제외되어 별도로 상속세가 부과된다. 법인기업의 경우에는 주식 전체가 아니라 사업에 사용된 자산 비율만큼만 공제가 적용된다.

문제는 사업무관자산이 많을수록 공제 규모가 줄어들고, 그만큼 상속세 부담이 커진다는 점이다. 예를 들어, 한 중소기업이 자회사 주식이나 임대부동산, 관계회사 대여금 등을 보유하고 있다면, 이 자산들이 사업과 직접적인 연관이 없다고 판단될 경우 모두 사업무관자산으로 분류된다. 그 결과 결국 공제 대상에서 제외될 뿐 아니라, 일반 상속재산으로 과세되어 최고세율 50%의 상속세가 부과될 수 있다.

따라서 승계를 준비할 때 자산이 사업용으로 인정받을 수 있는지를 미리 점검하고, 필요하다면 자산을 정리하거나 사업구조를 조정해야 한다. 특히 자회사 주식의 경우 단순히 지분 보유만으로는 인정되지 않고, 모회사와의 실질적 사업 연계성을 입증할 수 있어야 한다.

세법상 대표적인 사업무관자산은 다음과 같다.

- 주택 및 비사업용 토지
- 외부에 임대한 부동산
- 대여금 및 대손충당금 대상 채권(일부 임직원 복리후생 목적 대여금은 예외)
- 과다보유 현금: 직전 5개 사업연도 평균 현금성 자산의 150%를 초과하는 금액
- 영업과 직접 관련 없는 자회사 및 타법인 주식, 채권, 금융상품

이처럼 사업무관자산 여부는 단순한 자산 보유 목적이 아니라 실제 사용 여부와 사업 연관성을 기준으로 판단된다. 따라서 자산 구조를 미리 점검하고, 증빙 자료를 철저히 준비하는 것이 안정적인 공제 적용의 핵심이다.

사업무관자산을 줄이는 전략

사업무관자산 여부는 단순히 "보유"가 아니라 실제 사용과 연관성을 기준으로 판단된다. 따라서 단순 절세를 넘어, 상속 이후에도 회사가 안정적으로 운영될 수 있는 자산 구조를 만들어야 한다. 주요 전략은 다음과 같다.

- **임대부동산**: 가능하다면 직접 사업에 활용하거나 불필요하면 매각·정리
- **자회사 주식**: 본업과의 실질적 사업 연계성 강화
- **관계사 대여금**: 장기 회수 불가능분은 조기 정리
- **과도한 현금**: 연구개발·설비투자 등 미래 성장 기반으로 활용
- **투자자산(주식·펀드 등)**: 본업과 무관하면 축소

이러한 정리는 단기간에 끝낼 수 없고 최소 몇 년 전부터 계획적으로 진행해야 한다. 경우에 따라 세무·법률 전문가의 자문을 받아 증빙자료를 준비하는 과정도 필요하다. 결국 사업무관자산을 줄이는 일은 단순 절세가 아니라, 장기적 기업 안정성과 후계자의 경영 기반을 지키는 핵심

전략이다.

증여세 과세특례, 경영권 안정의 해법

'**가업승계 증여세 과세특례**'는 중소·중견기업(매출 3천억 원 이하) 경영
자가 생전에 자녀에게 가업을 계획적으로 증여할 수 있도록 하기 위해 마
련된 제도다. 이 제도를 활용하면 최대 600억 원까지 10~20%의 낮은 세
율로 증여세를 적용받을 수 있어 절세 효과가 크다. 더 나아가 증여한 주
식은 상속 시점에 다시 평가하지 않고 '증여 당시의 가액'으로 상속재산에
합산된다. 따라서 기업 가치가 앞으로 크게 성장할 것으로 예상된다면, 생
전에 미리 증여하는 것이 훨씬 유리하다. 즉, 조기 증여를 통해 후계자가
일찍부터 경영권을 확보하고 책임감을 가지고 회사를 이끌 수 있도록 하
면서, 동시에 세 부담까지 줄일 수 있다.

다만 이 제도를 활용하기 위해서는 법정 요건을 충족해야 하고, 증여
후에도 일정 기간 동안 사후관리 의무를 지켜야 한다. 따라서 기업은 충분
한 시간을 두고 전략적으로 준비하는 것이 바람직하다. 이 제도 역시 사업
무관자산이 많을 경우 혜택이 제한될 수 있으므로 사전에 정리하거나 비
율을 낮추는 노력이 필요하다. [그림 8-3]은 증여세 과세득례 절차와 요건
을 요약한 것이다.

그림 8-3 증여세 과세특례 절차 및 요건 요약도

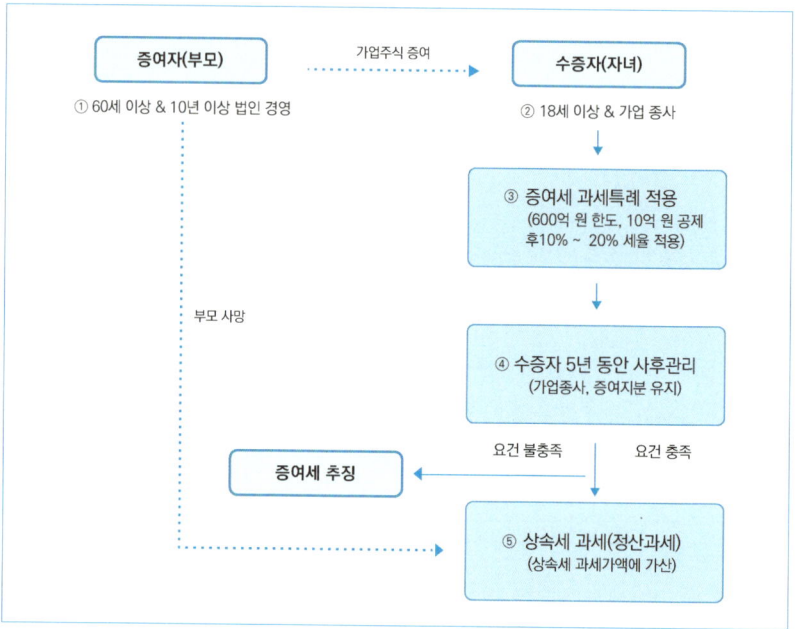

① 증여자 요건

- 가업 주식의 증여일 현재 중소기업 등인 가업을 10년 이상 계속 경영한 부모 (60세 이상)
- 최대주주로 10년 이상 보유(특수관계인 포함 지분율 40%, 상장법인은 20% 이상)

② 수증자 요건

- 18세 이상인 거주자 자녀
- 증여세 신고기한까지 가업 종사
- 증여일로부터 3년 이내에 대표이사 취임

③ 증여특례 한도 및 세율

- 가업영위기간 10년 이상 300억 원, 20년 이상 400억 원, 30년 이상 600억
  원 한도
- 공제금액 10억 원 공제 후 10~20% 증여세율 적용
  (120억 원 이하 10%, 120억 원 초과 20%)

④ 사후관리

- 사후관리 : 증여일로부터 5년
- 가업종사 : 증여일로부터 3년 이내에 대표이사 취임, 5년까지 대표이사를 유지
- 가업 유지 : 1년 이상 휴업하거나 폐업하지 않고 주된 업종 유지(대분류 내 변
  경 가능)
- 지분 유지 : 해당 수증자의 지분이 감소되지 않아야 함.

⑤ 상속시점의 합산방식

- 증여세 과세특례가 적용된 주식은 증여 시 평가된 가액으로 상속세 과세가액
  에 포함
- 증여세 납부액은 상속세 산출세액에서 기납부세액으로 공제
- 가업승계 주식에 대해서 연부연납 신청 가능힘
- 상속개시일 현재 가업상속 요건을 모두 갖춘 경우에는 가업상속공제도 적용
  가능

'가업승계 증여세 과세특례'는 가업승계를 준비하는 가족기업에 실질
적인 절세 효과를 제공하는 제도다. 주요 장점은 다음의 [표 8-6]과 같다.

표 8-6

장점	설명
낮은 세율	최대 600억 원까지 10~20% 세율 적용(일반증여 최대 50%)
분할 증여	600억 원 한도 내에서 나누어 시기별 증여 가능 → 기업 가치 변동이나 자녀의 납부 여력에 맞춰 조정
여러 자녀 적용	가업종사 자녀가 2명 이상 시 한도 내 나누어 증여 가능
주식가치 고정	증여 시 평가액으로 상속재산에 합산 → 이후 기업 가치 상승분에 대해 추가 과세 없음.
장기 분할 납부	일반 증여는 최대 5년 분할 납부, 특례 적용 시 최대 15년까지 가능

05

'창업자금 증여세 과세특례'도
활용하라

창업자금 증여세 과세특례는 중소기업 또는 벤처기업 창업을 장려하고, 자산을 조기에 이전하여 경제를 활성화하기 위해 도입된 제도다. 또한 출산율 저하와 고령화로 인한 고용 창출, 청년 실업 등 사회적 문제를 완화하려는 목적도 담겨 있다.

이 제도는 '창업중소기업 및 창업벤처중소기업 업종'을 영위할 목적으로, 60세 이상 부모로부터 자녀가 현금 등을 증여받아 창업하는 경우 적용된다. 증여세 과세가액 50억 원(10명 이상 신규 고용 시 100억 원) 한도 내에서 5억 원을 공제한 후, 10% 단일 세율로 증여세를 계산한다.

예를 들어, 65세 부모가 35세 자녀에게 창업자금으로 40억 원을 증여한다면, 일반 증여세를 적용할 경우 약 15억 원의 세금이 부과되지만, 이

특례를 적용하면 약 3.5억 원에 불과하다. 약 11.5억 원의 절세 효과가 있는 셈이다.

또한 이 제도는 가업승계자가 아닌 자녀에게도 적용 가능하다. 따라서 가업을 잇지 않는 자녀에게 재산을 이전하는 대안으로 활용할 수 있다. 단, 한 자녀가 2회 이상 창업자금을 증여받거나, 2명 이상의 자녀가 각각 부모로부터 증여받는 경우에는 증여세 과세가액을 합산해 적용한다. [그림 8-4]는 창업자금 증여세 과세특례의 절차 및 요건을 요약한 것이다.

그림 8-4 창업자금 증여세 과세특례 절차 및 요건 요약도

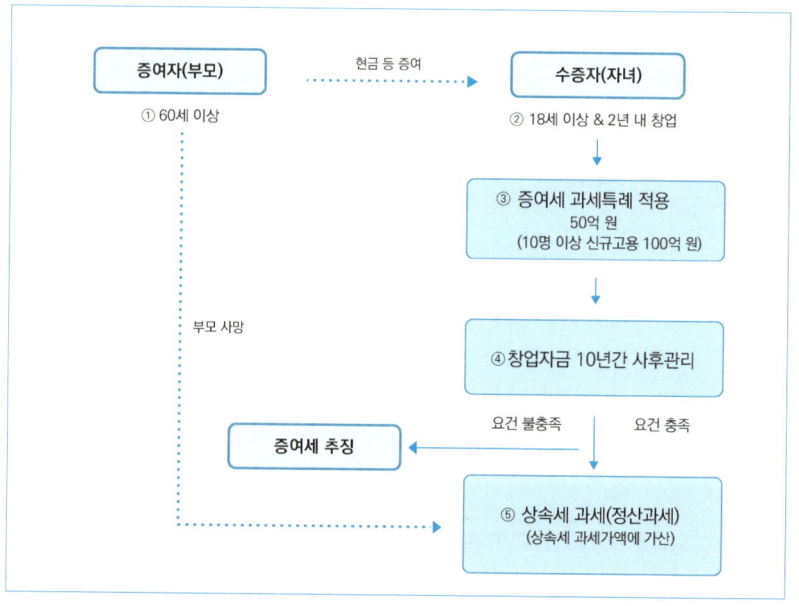

① 증여자 요건

  - 증여자 요건: 60세 이상의 부모(증여 당시 부모가 사망한 경우 조부모 포함)

② 수증자 요건

  - 창업자금 증여일 현재 18세 이상 거주자

③ 증여특례 한도 및 세액

  - 증여세 과세가액 50억 원 한도(신규고용 10명 이상인 경우 100억 원 한도)
  - 2인 이상인 경우에도 한도 내에서 과세특례 적용 가능
  - 증여세 과세가액에서 5억 원을 공제 후 10% 단일세율 적용

④ 사후관리

  - 증여일로부터 2년 이내 창업 및 업종 유지
  - 증여 후 4년 이내 창업자금 전액 사용해야 하고, 세무서에 사용명세서 제출
  - 창업 후 10년 동안 사업 외 용도 사용 금지

⑤ 상속시점의 합산방식

  - 증여자가 사망하면 해당 증여분은 증여 시점의 가액으로 상속세에 합산되어 정산
  - 일반 증여는 10년 내 증여분만 합산되지만, 창업자금 특례는 기간과 무관하게 전액 합산

이처럼 '창업자금 증여세 과세특례'는 자녀의 창업을 촉진하고 가계 자산을 생산적 영역으로 유도하는 데 목적이 있으며, 가업승계 증여세 과

세특례와는 중복 적용되지 않는다. 다만, 증여자가 사망하는 경우에는 증여 시기와 관계없이 해당 재산이 상속세 과세가액에 가산되어 상속세로 정산된다는 점에 유의해야 한다.

이 제도는 승계 대상이 아닌 자녀에게 자산을 이전하면서도 과세이연을 통해 실질적인 혜택을 누릴 수 있는 제도이므로, 사전에 충분한 계획을 세워 활용하는 것이 바람직하다. 따라서 경영자는 가업을 승계할 자녀뿐 아니라 다른 자녀들의 진로와 역할까지 고려하여, 공제제도를 조합한 포트폴리오형 상속 전략을 마련해야 한다.

무엇보다 세법은 수시로 바뀌고, 해석 또한 전문가마다 다르다. 따라서 최신 정보를 지속적으로 확인하고, 전문가들 간에도 해석이나 접근 방식이 다를 수 있으므로 최소 2명 이상의 전문가에게 자문을 구해야 한다. 세금계획은 단기 절세가 아니라 장기적 관점에서 접근해야 하며, 준비의 시작은 언제나 '지금'이다.

가업승계는 세금을 줄이는 기술이 아니라, 기업의 미래를 지키는 전략이다. 그 전략의 본질은 자산의 이전 보다는 지속 가능한 시스템의 구축에 있다.

한 경영자는 말했다. "회사를 키울 생각이라면 세금은 지금이 가장 싸다." 이는 단순한 절세 조언이 아니라, 승계의 본질을 꿰뚫는 한마디다. 이 책이 당신의 마스터플랜 설계에 도움이 되어, 세대를 넘어 지속 가능한 기업으로 나아가는 첫걸음이 되기를 바란다.

참고문헌

[Chapter 1]

1) 100년의 기업: 자동차 문화를 판다. 타이어 회사 미쉐린 <KBS> 2011; 늙지 않는 100년 기업 미쉐린 <삼성경제연구소> 2010. 3. 18; 미쉘린 웹사이트, www.michelin.com

2) 구보타 쇼이치(久保田章市) 2011 대한민국 강소기업포럼 <파이낸셜뉴스> 2011.

3) Ward, J. L., Keeping the Family Business Healthy: How to Plan for Continuing Growth, Profitability, and Family Leadership, Palgrave Macmillan, 2011.

4) Lansberg, I.. Succeeding Generation: Realizing the dream of families in business, Harvard Business School Press, 1999.

5) 도쿄상공리서치와 일본실천경영학회, 창업 100년 이상 된 기업 경영자 설문조사 결과.

6) Drucker, P. F., The Practice of Management. New York: Harper & Row, 1954.

[Chapter 2]

1) De Massis, A., Frattini, F., Kotlar, J., Petruzzelli, A. M. & Wright, M., Innovation Through tradition: A systematic review of the determinants of innovation in family firms, Academy of Management Annals, 2016.

2) McKinsey & Company., Perspectives on founder-and family-

owned businesses, McKinsey & Company, 2014.

3) Hauck, J. & Prügl, R., Innovation activities during intra-family succession in family firms: An empirical study from a socioemotional wealth perspective, Journal of Family Business Strategy, 2015.

4) Rondi, E., De Massis, A. & Kotlar, J., Unlocking innovation potential: A typology of family business innovation postures and the critical role of the digital transformation, Journal of Business Research, 2012.

5) Le Breton-Miller, I., & Miller, D. Managing for the Long Run: Lessons in Competitive Advantage from Great Family Businesses. Boston, MA: Harvard Business School Press, 2005.

6) Schumpeter, J. A., Capitalism, Socialism and Democracy. New York: Harper & Brothers, 1942.

7) Gulati, R., Nohria, N. & Wohlgezogen, F., Roaring Out of Recession, Harvard Business eview, 2010.

8) Schmieder, Joe., Innovation in the Family Business: Succeeding Through Generations, New York: Palgrave Macmillan, 2014.

[Chapter 3]

1) 김선화,남영호, 가족기업승계에 따른 현경영자와 후계자 요인이 승계유효성에 미치는 영향, 산업경제연구, 2013.

2) Handler, W. C., Succession in Family Firms: A Mutual Role Adjustment Between Entrepreneur and Next-generation Family Members. Family Business Review, 1994.

3) Nahapiet, J. & Ghoshal, S.. Social Capital, Intellectual Capital, and the Organizational Advantage, Academy of Management Review, 1998.

4) Lansberg, I., The Succession Conspiracy, Family Business Review, 1988.

5) 김선화, 가족기업의 승계프로세스와 성공적 승계 요인, 서울과학종합대학원 박사논문, 2012.

6) Ward, J. L.. Keeping the Family Business Healthy: How to Plan for Continuing Growth, Profitability, and Family Leadership, New York: Palgrave Macmillan, 2011.

7) Drucker, P. F., Management: Tasks, Resposiblity, Practices, Harper & Row, 1973.

8) Flamholtz, E. G. & Randle, Y., Growing Pains: Building Sustainably Successful Organizations, Hoboken NJ: Wiley, 2016.

9) Pietro Mazzola, Gaia Marchisio and Joe Astrachan, Strategic Planning in Family Business: A Powerful Developmental Tool for the Next Generation, Family Business Review, 2008.

[Chapter 4]

1) Sonnenfeld, J., The Hero's Farewell: What Happens When CEOs Retire, Oxford University Press, 1988.

2) Craig E. Aronoff, Letting Go, Palgrave Macmillan, 2010.

3) Pontet, S. B., C. Wrosch and M. Gagne, An exploration of the generational differences in levels of control held among family

businesses approaching Succession, Family Business Review, 2007.

4) Sonnenfeld, J., 위의 책.

5) 헤르만 지몬, 히든챔피언: 세계시장을 재패한 숨은 1등 기업의 비밀, 흐름
출판, 2008.

6) Virginia Esposito (Ed.), Splendid Legacy: The Guide to Creating
Your Family Foundation, National Center for Family Philanthropy,
2002.

[Chapter 5]

1) PricewaterhouseCoopers(PwC), Family Business Survay, 2012.

2) Davis, J. A. & Harveston, P. D., In the founder's shadow: Conflict in
the family firm, Family Business Review, 1999.

3) Pieper, T. M. & Klein, S.B., The bulleye: A systems approach to
modeling family firm, Family Business Review, 2007.

4) Tagiuri, R. & Davis, J., Bivalent Attributes of the Family Firm,
Family Business Review, 1996.

5) Morris, M. H., Williams, R. O., Allen, J. A. & Avila, R. A., Correlates
of success in family, 1997.

6) Lansberg, I., Succeeding Generation: Realizing the dream of
families in business, Harvard Business School Press, 1999.

[Chapter 6]

1) Gersick, K. E., Davis, J. A., Hampton, M. M. & Lansberg, I.,
Generation to generation: Life cycles of the family business,

Boston, MA: Harvard Business School Press, 1997.

2) Leon Danco, Beyond Survival, 1975.

3) Ivan Lansberg, Succeeding Generations 1999.

4) Leon Danco, 위의 책.

5) Gersick, K. E., Davis et al. 위의 책.

6) Merck Group Winds IMD-Lombard Odier Global Family Business Award <Compden FB> 2009, Frank Stangenberg-Haverkamp, Merck-Family History, Family Management and Family Governance, Asian Invitational Conference of Family Business, 2011.

7) 가족이 아닌 기업을 우선한다. 300년 역사 머크 회장 인터뷰 <전자신문> 2012. 9. 6.

8) Jaffe, D. T., Good Fortune: Building a Hundred Year Family Enterprise, Wise Counsel Research, 2013.

[Chapter 7]

1) Cary J. Tutelman & Larry D. Hausem, The Balance Point, Family Press, 2008.

2) Josh Baron & Rob Lachenauer, Family Business Handbook; How to Build and Sustain a Successful Enduring Enterprise, Harvard Business Press, 2021.

3) Josh Baron & Rob Lachenauer, 위의 책.

4) Sara Raid, Inside the Cargill family, CMG partners, 2019.

5) The French maker of luxury items from luggage to scarves has never compromised its brand image over six generations, and it

has protected family control like Fort Knox gold, Business Magazine, Winter 1998.

6) Cary J. Tutelman & Larry D. Hausem, 위의 책.

7) Randal S. Carlock and John L. Ward, When Family Business are Best, 2010.

[부록] 가업승계 준비상황 진단지

Ⅰ. 진단 목적

이 진단서는 가업승계 준비 수준을 객관적으로 점검하고, 향후 실행 전략을 수립하기 위한 기초 자료로 활용하기 위해 설계되었습니다. 8개의 평가 항목은 『가업승계 마스터플랜』 각 장의 핵심 주제와 동일하게 구성되어 있습니다. 각 항목은 가업승계의 단계별 핵심 성공 요인을 반영하여, 조직의 현재 위치를 진단하고 향후 보완 방향을 제시합니다.

Ⅱ. 진단 방법

각 문항별 귀사의 현재 상황을 가장 잘 나타내는 점수에 ○표 하십시오.

1점	전혀 그렇지 않다	(체계 전무, 인식 부족)
2점	그렇지 않다	(부분적 실행, 체계 미흡)
3점	보통이다	(기초 체계 형성, 일부 실행 중)
4점	그렇다	(제도화 및 정착 단계)
5점	매우 그렇다	(완성도 높음, 지속 관리 중)

각 문항은 귀사의 현재 상태를 진단하기 위한 것으로, 직관적으로 느끼는 수준에 따라 응답하면 됩니다. 각 항목의 진단을 마친 후에는 각 항목의 총점(8문항 × 5점 = 40점)을 계산한 후, 아래의 '진단결과 해석표'를 참고하여 귀사의 준비 수준을 확인하십시오.

Ⅲ. 진단결과 기록 및 활용 방법

각 장의 진단을 모두 마치면, 문항 하단의 '진단결과 해석표'를 통해 항목별 준비 수준을 확인할 수 있습니다.

8개 영역의 진단이 완료되면, '가업승계 진단결과 종합 차트'에 각 항목 점수를 표시하고 선으로 연결하십시오. 이를 통해 귀사의 승계 준비 수준을 시각적으로 파악할 수 있으며, 점수가 낮은 영역은 향후 우선 개선과제로 설정하는 것이 바람직합니다.

1. 경영철학

경영철학과 기업이념의 계승은 가족기업의 정체성과 지속 가능한 경영의 출발
점입니다. 창업자의 철학과 핵심가치가 조직 전반에 녹아있을 때, 위기 상황에
서도 흔들림 없는 성장 방향을 유지할 수 있습니다.

	경영철학 질문	1	2	3	4	5
1	경영철학이 문서화되어 있는가?					
2	기업이념 또는 사명이 명확히 정립되어 있는가?					
3	핵심가치가 정립되고 구체적으로 정의되어 있는가?					
4	후계자는 경영철학을 이해하고 공감하며, 자신의 역할에서 이를 실천하고 있는가?					
5	임직원들이 사명과 핵심가치를 공유하고 있는가?					
6	사명과 핵심가치가 주요 의사결정의 기준이 되고 있는가?					
7	핵심가치가 기업의 인재상과 연계되어 있는가?					
8	직원들이 지켜야 할 행동 규범이 마련되어 있는가?					
총점	경영철학 **총점** 점 표시된 수 x 상단 점수 = 총점					

■ 경영철학 진단결과 해석표

점수구간	단계	진단 및 주요리스크
1~15점	미비단계	경영철학과 기업이념이 정립되지 않았거나 구성원의 인식이 부족한 초기 단계입니다. 창업자의 철학이 구두 전승에 머물러 있으며, 세대교체 시 기업의 정체성을 상실할 위험이 큽니다.
16~25점	도입단계	철학의 중요성은 인식하고 있으나 문서화·실행이 미흡합니다. 핵심가치가 의사결정 기준으로 작동하지 않아 형식화될 가능성이 있습니다.
26~34점	정착단계	경영철학과 핵심가치가 제도화되어 있으나, 부서나 구성원 간 실천 수준의 차이가 존재합니다. 점검과 피드백 체계가 미흡할 경우 가치 실천이 일관성을 잃을 수 있습니다.
34~40점	성숙단계	경영철학이 조직문화로 내재화되어 있으며, 후계자와 구성원 모두가 공감하고 있습니다. 다만 세대 전환기에는 철학이 유지되고 공유될 수 있도록 지속적인 점검이 필요합니다.

2. 변화혁신

급변하는 기업환경에서 변화와 혁신은 생존과 번영의 필수 조건입니다. 도전적인 비전과 빠른 대응력, 실패를 학습으로 전환하는 조직문화야말로 지속 가능한 성장을 이끄는 원동력입니다.

	변화혁신 질문	1	2	3	4	5
1	경영자는 변화의 필요성을 명확히 인식하고 있는가?					
2	조직이 기존의 방식에 안주하지 않고 변화에 적극적으로 대응하는가?					
3	조직의 주요 영역에서 혁신 활동이 이루어지고 있는가?					
4	디지털 전환(DX), 자동화 등 신기술을 활용한 업무혁신 노력이 이루어지고 있는가?					
5	후계자는 시장·고객 등 외부 환경의 변화를 이해하고, 이에 적극적으로 대응하고 있는가?					
6	구성원들이 혁신의 중요성을 공감하고 적극적으로 참여하고 있는가?					
7	실패를 학습 기회로 삼는 조직문화가 형성되어 있는가?					
8	최근 3년 내 제품·서비스 개선 또는 신시장 개척 등 구체적 혁신 성과가 있었는가?					
총점	변화혁신 **총점**　　　　　점	표시된 수 x 상단 점수 = 총점				

■ 변화혁신 진단결과 해석표

점수구간	단계	진단 및 주요리스크
1~15점	미비단계	변화 필요성에 대한 인식이 부족하고 혁신 활동이 거의 없습니다. 시장 변화에 대응하지 못하면 기업 경쟁력 약화와 생존 위협이 우려됩니다.
16~25점	도입단계	일부 개선 노력이 있으나 목표와 방향이 불명확합니다. 추진체계 부재로 실행이 일회성에 그칠 가능성이 큽니다.
26~34점	정착단계	혁신 활동이 진행 중이며 일부 성과가 나타나고 있습니다. 다만 부서 간 협업이나 지속관리 체계가 미흡해, 혁신이 일시적 성과에 머물 위험이 있습니다.
34~40점	성숙단계	변화와 혁신이 조직문화로 자리 잡아 안정적으로 운영되고 있습니다. 현재 수준을 유지하면서 지속적 개선과 창의적 시도가 필요합니다.

3. 후계육성

후계자 육성과 리더십 개발은 성공적인 경영 승계를 위해 꼭 필요한 과정입니다. 올바른 역량과 비전을 갖춘 후계자는 조직의 미래를 책임지며 세대 간 신뢰와 소통을 바탕으로 기업의 장기적 발전을 선도합니다.

	후계육성 질문	1	2	3	4	5
1	후계자 훈련과 리더십 개발을 위한 로드맵이 마련되어 있는가?					
2	세대 간 합의 된 미래 비전을 공유하고 있는가?					
3	후계자가 자신의 역할과 수준에 맞게 업무상 의사결정의 기회를 부여받고 있는가?					
4	후계자는 장기 비전과 전략을 주도할 수 있는 역량을 가지고 있는가?					
5	후계자의 성과에 대한 객관적 평가와 피드백이 이루어지고 있는가?					
6	구성원들이 후계자의 리더십과 역량을 신뢰하고 있는가?					
7	후계자는 경영의 주요 권한과 책임을 점진적으로 위임받으며, 이를 효과적으로 수행하고 있는가?					
8	후계자와 경영자 간의 신뢰와 소통이 원활하게 이루어지고 있는가?					
총점	후계육성 **총점** 점	표시된 수 x 상단 점수 = 총점				

■ 후계육성 진단결과 해석표

점수구간	단계	진단 및 주요리스크
1~15점	미비단계	후계자 선정이나 육성계획이 부재한 상태입니다. 경영자 의존도가 높아, 세대교체 시 리더십 공백과 경영 혼란이 발생할 가능성이 큽니다.
16~25점	도입단계	후계자 발굴은 이루어지고 있으나 체계적인 교육·훈련이 부족합니다. 경험 전수와 권한 위임이 제한적이라 실질적 성장으로 이어지지 않습니다.
26~34점	정착단계	후계자 육성 프로그램이 운영되고 있으며 기본 체계가 자리 잡고 있습니다. 다만 일부 영역에서 제도화 수준이 고르지 않아 후계자의 자율적 성장 속도가 제한될 수 있습니다.
34~40점	성숙단계	후계자가 경영 전반에 참여하며 리더십을 발휘하고 있습니다. 지속적인 멘토링과 성과관리 체계를 유지해 안정적 승계를 완성해야 합니다.

4. 은퇴계획

행복한 은퇴를 위한 사전 준비는 가업승계의 건강한 마무리를 위한 필수 단계입니다. 은퇴 이후 삶, 재정 안정, 권한 이전을 체계적으로 계획해야 경영자와 가족 모두의 만족을 높일 수 있습니다.

	은퇴계획 질문	1	2	3	4	5
1	경영자의 은퇴 시점이 구체적으로 설정되어 있는가?					
2	경영권 이양에 대한 단계별 계획이 수립되어 있는가?					
3	은퇴 이후 회사 내에서 맡을 공식적 역할과 권한이 명확히 정의되어 있는가?					
4	후계자에게 경영의 주요 권한과 책임이 점진적으로 위임되고 있는가?					
5	주요 고객 및 협력사 관계가 후계자에게 자연스럽게 이전되고 있는가?					
6	은퇴 이후 개인 재무 및 세금계획이 마련되어 있는가?					
7	은퇴 이후 삶의 목표나 비전이 설정되어 있는가?					
8	경영자의 부재 시에도 회사가 독립적으로 운영될 수 있는가?					
총점	은퇴설계 **총점**　　　**점**	표시된 수 x 상단 점수 = 총점				

■ 은퇴계획 진단결과 해석표

점수구간	단계	진단 및 주요리스크
1~15점	미비단계	경영자의 은퇴 시점과 절차가 전혀 계획되어 있지 않습니다. 갑작스러운 부재 시 경영공백과 지배구조 혼란이 발생할 위험이 높습니다.
16~25점	도입단계	은퇴 필요성은 인식하고 있으나, 구체적 일정이나 후속 체계가 부족합니다. 경영권 이양이 비공식적이라 조직의 불안정성이 존재합니다.
26~34점	정착단계	은퇴계획이 수립되어 있으며 실행이 진행 중이나, 일부 영역의 제도화 수준이 고르지 않아 후계자와의 역할 조정 및 실행관리의 정교화가 필요합니다.
34~40점	성숙단계	은퇴 시점, 역할, 재무계획이 명확히 정의되어 있으며 경영권 이양이 안정적으로 이루어지고 있습니다.

5. 가족화합

가족 간 신뢰와 소통, 협력은 가족기업의 내적 안정성과 지속 가능성의 기반입니다. 가족 구성원 모두가 꿈과 비전을 공유하며, 갈등을 예방하고 해결할 수 있을 때 기업과 가족 모두가 성장할 수 있습니다

	가족화합 질문	1	2	3	4	5
1	가족 구성원 간 신뢰와 존중의 분위기가 형성되어 있는가?					
2	가족회의 등 공식적인 소통체계를 정기적으로 운영하고 있는가?					
3	가족 구성원들이 기업의 비전과 목표를 공유하고 있는가?					
4	가족 공동의 꿈과 비전, 핵심가치(가훈)가 정립되어 있는가?					
5	가족 구성원 각자의 역할과 책임이 명확히 인식되고, 그에 따라 협력하고 있는가?					
6	갈등이 발생 했을때 해결 절차나 중재 방식이 마련되어 있는가?					
7	가족 간의 의사결정 과정이 공정하고 투명하게 이루어지고 있는가?					
8	가족 구성원들이 서로의 생각과 감정을 자유롭게 표현하고 경청하고 있는가?					
총점	가족화합 **총점** **점** 표시된 수 x 상단 점수 = 총점					

■ 가족화합 진단결과 해석표

점수구간	단계	진단 및 주요리스크
1~15점	미비단계	가족 간 신뢰와 소통이 단절된 상태입니다. 감정적 대립이 누적되면 세대교체 과정에서 갈등이 폭발할 위험이 매우 큽니다.
16~25점	도입단계	가족 간 대화는 있으나 비공식적이며, 공통의 비전이나 합의된 원칙이 없습니다. 이해관계 충돌이 장기적 갈등으로 번질 수 있습니다.
26~34점	정착단계	정기적 가족회의나 소통체계가 운영 중이지만, 갈등 조정 방식이 미흡합니다. 일관된 의사결정 기준이 필요합니다.
34~40점	성숙단계	가족 간 신뢰와 소통문화가 정착되어 있으며, 공동의 꿈과 가치가 공유되고 있습니다. 지속적 대화와 차세대 참여를 통해 화합을 유지하십시오.

6. 가족규정

가족기업의 안정적인 승계와 분쟁 예방을 위해서는 명확한 원칙과 규정, 행동 규범이 필요합니다. 합의된 시스템을 갖춤으로써 갈등을 사전에 차단하고 지속 가능한 기업 운영을 도모할 수 있습니다.

	가족규정 질문	1	2	3	4	5
1	가족들은 소유 구조의 변화에 따른 역할과 책임을 이해하고 있는가?					
2	가족들이 지켜야 할 원칙과 가치관을 담은 가족헌장 또는 가족규정이 마련되어 있는가?					
3	가족 구성원이 회사에 참여하기 위한 가족참여 규정이 마련되어 있는가?					
4	가족들은 가족기업으로 지속하려는 의지와 생각을 공유하고 있는가?					
5	주식 매도, 배당 등 재산관리에 관한 가족 간이 합의 또는 주주협약서가 마련되어 있는가?					
6	가족 주주 간 중대한 의사결정에 대해 함께 협의하는가?					
7	가족규정이 공정하고 투명하게 운영되고 있는가?					
8	가족 간 감정보다 원칙을 따르려는 문화가 형성되어 있는가?					
총점	가족규정 **총점** 점 표시된 수 x 상단 점수 = 총점					

■ 가족규정 진단결과 해석표

점수구간	단계	진단 및 주요리스크
1~15점	미비단계	가족 간 역할·책임·소유권 원칙이 전혀 정립되어 있지 않습니다. 이해충돌이나 상속 분쟁이 발생할 경우 해결 기준이 없어 기업 존속이 위협받을 수 있습니다.
16~25점	도입단계	가족헌장이나 규정의 필요성은 인식했으나, 실제 문서화나 합의는 미흡합니다. 의사결정이 감정적으로 이루어질 위험이 있습니다.
26~34점	정착단계	가족헌장, 주주협약 등 일부 제도가 마련되었거나 운영되고 있으나, 실천력과 공정성 관리가 부족합니다. 제도가 형식화되면 분쟁 예방 효과가 약화될 수 있습니다.
34~40점	성숙단계	가족규정이 제도화되어 있으며, 공정성과 투명성이 확보되어 있습니다. 세대 긴 합의가 질 유지되고 있습니다.

7. 지배구조

명확한 의사결정 구조와 책임 배분은 가족기업의 투명성과 지속성을 높이는 핵심 요소입니다. 올바른 소유권 구조와 역할 구분을 통해 객관적이고 합리적인 경영이 이루어질 수 있습니다.

	지배구조 질문	1	2	3	4	5
1	가족기업으로 지속 가능한 지분구조를 가지고 있는가?					
2	정관과 내부규정 등을 통해 지배구조가 명확히 설계되어 있는가?					
3	회사의 주요 의사결정이 공식적 절차와 회의체를 통해 이루어지고 있는가?					
4	주주 간 권리와 의무가 명확히 규정되어 있는가?					
5	이사회가 형식에 그치지 않고 실질적으로 운영되고 있는가?					
6	사외이사 또는 외부 전문가의 자문을 경영에 활용하고 있는가?					
7	주주들에게 재무정보와 경영성과가 투명하게 공유되고 있는가?					
8	창업자 의존에서 제도 중심의 경영 체계로 전환이 이루어지고 있는가?					
총점	지배구조 **총점**　　　　　**점**	표시된 수 x 상단 점수 = 총점				

■ 지배구조 진단결과 해석표

점수구간	단계	진단 및 주요리스크
1~15점	미비단계	의사결정 구조가 비공식적이며 창업자 개인에 의존하고 있습니다. 경영 공백 발생 시 혼란과 내부 분열 가능성이 매우 높습니다.
16~25점	도입단계	지배구조 개선 노력이 있으나 이사회·의사결정 절차가 형식적입니다. 투명성 부족으로 신뢰가 약화될 수 있습니다.
26~34점	정착단계	제도적 틀은 마련되었으나 사외이사나 외부 자문 기능이 약합니다. 실질적 견제와 균형이 미흡하면 리스크 관리가 어렵습니다.
34~40점	성숙단계	제도 중심의 지배구조가 안정적으로 운영되고 있습니다. 공식적 절차와 회의체를 통해 투명하고 책임 있는 의사결정이 이루어지고 있습니다.

8. 세금계획

올바른 절세계획과 상속 전략은 가업의 안정적 승계와 기업의 장기적 성장과
직결됩니다. 관련 법제에 대한 이해와 체계적 준비를 통해 예상치 못한 분쟁과
부담을 최소화해야 합니다.

	세금계획 질문	1	2	3	4	5
1	가업승계와 관련된 상속·증여세 부담 규모를 사전에 파악하고 있는가?					
2	상속 및 증여 시나리오별 세금 시뮬레이션(예상 계산)을 해본 적이 있는가?					
3	가업상속공제 등 세제지원 제도의 요건과 절차를 정확히 이해하고 있는가?					
4	상속세 납부자금 마련을 위한 계획이 수립되어 있는가?					
5	주식평가, 자산구조 등 승계 시 세무상 리스크 요인을 점검하고 있는가?					
6	유언장, 신탁 상속 관련 법적 문서가 준비되어 있는가?					
7	가족 간 상속·증여 분쟁을 예방하기 위한 합의 또는 문서화가 되어 있는가?					
8	상속 계획을 절세뿐만 아니라 가족 내 오너십 보존 및 기업의 지속 성장 관점에서 준비하고 있는가?					
총점	세금계획 **총점** 점	표시된 수 x 상단 점수 = 총점				

■ 세금계획 진단결과 해석표

점수구간	단계	진단 및 주요리스크
1~15점	미비단계	상속·증여세 부담 규모를 파악하지 못하고 있으며, 절세나 자금 조달 계획이 전혀 없습니다. 갑작스러운 상속 시 막대한 세금으로 지분 분산과 경영권 위협이 있을 수 있습니다.
16~25점	노입단계	세금 문제의 중요성은 인식하고 있으나, 구체적 시뮬레이션이나 재원 마련이 부족합니다. 상속 시 분쟁 및 유동성 위기가 발생될 수 있습니다.
26~34점	정착단계	세금계획과 상속 시나리오가 수립되어 있으나, 법적 문서나 세제 적용 검토가 미흡합니다. 제도 변화에 따른 리스크 점검이 필요합니다.
34~40점	성숙단계	세금계획이 장기적 관점에서 체계적으로 관리되고 있으며, 절세와 오너십 보존이 조화를 이루고 있습니다. 정기적인 점검과 전문가 협의를 통해 안정성을 유지하십시오

가업승계 진단결과 종합 차트

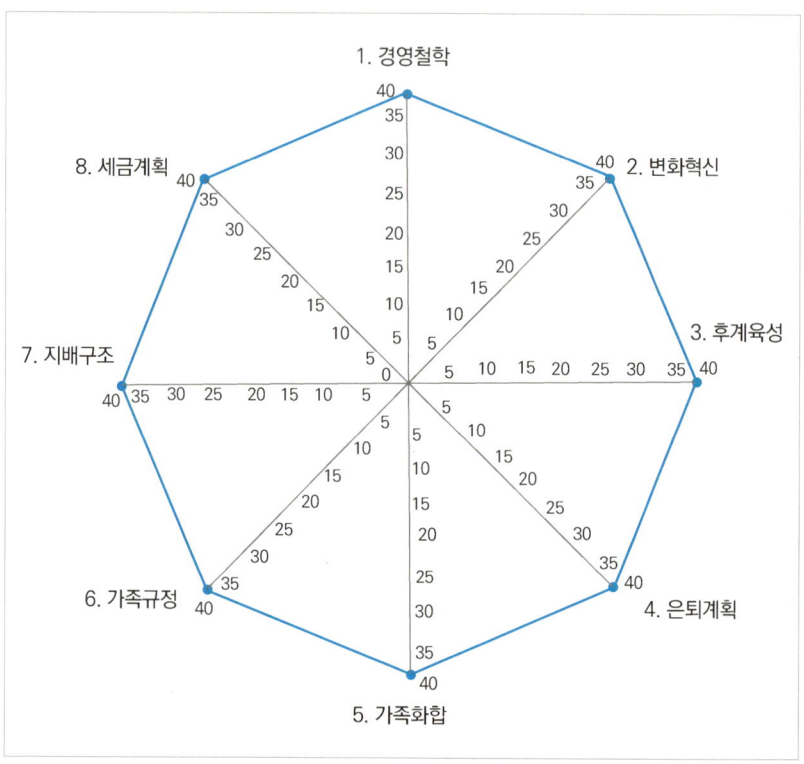

1. 앞의 진단지 각 영역별 총점을 축의 눈금에 표시합니다.

2. 점들을 선으로 연결해 전체 회사 승계 준비 상태를 시각화합니다.

3. 시각화된 결과를 통해 조직의 강점과 약점을 한눈에 확인 가능합니다.

실천 우선순위 표 작성 및 활용 방법

이 표는 가업승계 진단 결과를 토대로 가장 시급하고 현실적인 개선과제를 선정하고, 향후 실행계획에 활용하기 위한 것입니다.

각 항목별 진단점수를 검토하여, 가장 낮은 점수를 받은 문항 중에서 실행이 가능하고 효과가 큰 과제를 중심으로 정리하십시오.

작성 방법 안내

- 구분: 8대 진단영역을 기준으로 작성합니다.
- 주요 개선과제: 각 영역에서 가장 낮은 점수를 받은 항목 중, 실제로 실행이 가능하고 단기간 내 개선 효과가 예상되는 과제를 선택합니다.
- 우선순위: 선정된 과제의 시급성과 영향도를 고려하여 우선순위를 정하고, 순서에 따라 실행계획을 수립합니다.
  - 시급성 판단 예시:

    ① 매우 시급 - 즉시 실행이 필요한 과제(1년 내 조치 필요)

    ② 시급 - 단기 개선이 필요한 과제(1~2년 내 실행 권장)

    ③ 보통 - 중기적 실행과제로 지속 관리(2~3년 내 추진 가능)

※ 이 표는 단순한 목록이 아니라, 향후 실천계획 수립의 출발점이 됩니다.

점수가 낮은 항목이라노 실행 가능성이 낮나면 후순위로 미루고, 실행 효과기 큰 과제부터 우선적으로 추진하는 것이 바람직합니다.

실천 우선순위 표

구분	주요 개선과제	우선순위

김선화

가업승계 분야의 대표 전문가로, 20여 년간 수많은 가족기업의 승계 과정을
함께하며 각 기업의 현실에 맞는 해법을 제시해왔다.

헬싱키대학교(현 알토대학교)에서 경영학 석사, 서울과학종합대학원에서 경영학
박사 학위를 받았으며, 한국 최초의 가업승계 박사이다.

세계 가족기업 분야의 권위 기관인 미국 가족기업협회(FFI) 정회원으로 활동하며,
한국인으로는 유일하게 Family Business Advising(FBA)과 Family Wealth
Advising(FWA) 자격을 보유하고 있다.

대한항공과 샤프 아메리카에서의 글로벌 경험과 국제공인 재무설계사(CFP)로서의
전문성을 바탕으로, 기업·가족·승계·지배구조·세무를 통합적으로 바라보는
컨설턴트의 시각에서 가족기업의 지속 가능성과 세대교체 전략을 지원하고 있다.

현재 넥스트 가업승계연구소의 소장으로서, 가업승계 연구 및 컨설팅,
후계자 코칭 및 양성교육, 최고경영자 과정과 각종 CEO 포럼 등에서 활발히
강연 활동을 하고 있다.

저서로는 <100년 기업을 위한 승계 전략>, <가업승계, 명문장수기업의 성공비결>,
<경제적 자유에 이르는 6단계>가 있으며, 이번 <가업승계 마스터플랜>에서는
연구와 현장경험을 토대로 가족기업이 세대를 넘어 지속 가능한 기업으로
성장하기 위한 실천 전략을 제시한다.